ドラえもんの学習シリーズ

## ドラえもんの社会科おもしろ攻略

# [新版] 日本各地の自然とくらし

【キャラクター原作】藤子・F・不二雄
【監修】浜学園

# みなさんへ——この本のねらい

## 現在のわたしたちにできることを考えよう

近年、地球温暖化による異常気象で、夏は気温が最高記録を毎年のように更新し、短時間に経験したことがないような大量の雨が降り、冬の積雪はこれまで見たこともない高さになるといったニュースが報道されています。どれだけ科学が進歩しても、人間の生活は山や川・海などの地形や雨風などの自然現象に大きく影響を受けます。とくに近年の地震や台風の力は大きく、人間の生活環境の中で失われるものは甚大になることが多くなっています。ですから、無秩序ではなく自然に合わせた開発を考え、災害の発生を予め防ぐ手立てを用意し、もし発生したとしてもできるかぎり被害が少なくなるように準備することが大切になってきます。

---

## 浜学園

創立から60年余り、関西圏を中心に難関中学への圧倒的な合格実績をもつ「進学教室浜学園」を運営。さらに、幼児教室の「はまキッズ」や個別指導の「Hamax」、自学・自習プログラム「はま道場」なども運営している。生徒ひとりひとりの能力を最大限にのばすことを主眼に置いた、わかりやすい授業に定評がある。

そのためには、まず身近な地域そしてわたしたちがくらす日本の地形や自然環境がどのようになっていて、これまでどのような開発が行われてきたのかを知ることが必要になります。

この本を読んで、今の日本の地形や自然そして人間の開発などの営みを知って、みなさんがこれから生きていく日本がどうなっていくかを予想し、より良い環境を残すために現在のわたしたちにできることを考えてくれることを願っています。この本を読み進めていくときに、むずかしいと感じたときでも大丈夫。未来からやってきたドラえもんがたくさんのヒントをみなさんにきっとくれるはず。恐れずにドラえもんといっしょに読み進めてみましょう。気がつけば…楽しくなっているにちがいありません。

浜学園
学園長 松本 茂

# もくじ

みなさんへ——この本のねらい……2

## 第1章 日本の国土を知ろう……7

- 日本の国土……8
- 日本の人口……30
- 練習しよう……46

## 第2章 日本の地形を知ろう……49

- 日本の山地……50
- 日本の河川と湖……64
- 日本の海と海岸の地形……78
- 練習しよう……88

## 第3章 日本の気候とくらし……91

- 日本の気候の特ちょう……92
- 日本の自然災害……106
- 特ちょう的な日本のくらし……122
- 練習しよう……144

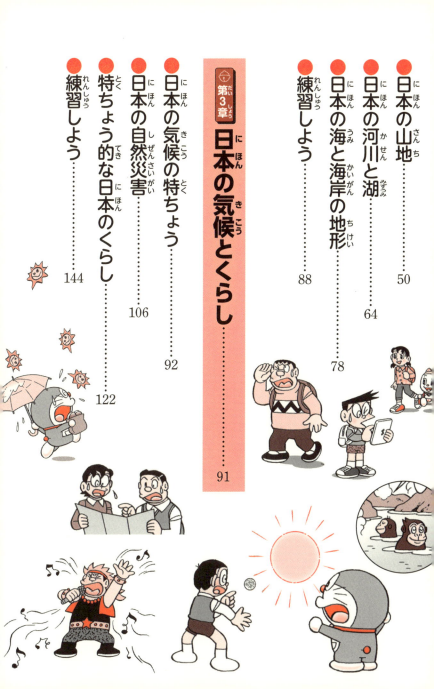

# 第4章 日本の各地方

- 九州・沖縄地方 ……………… 154
- 中国・四国地方 ……………… 158
- 近畿地方 …………………… 162
- 中部地方 …………………… 166
- 関東地方 …………………… 174
- 東北地方 …………………… 178
- 北海道地方 ………………… 182
- 練習しよう ………………… 186

147

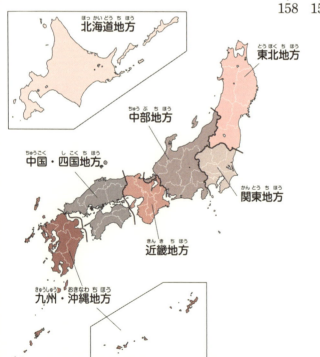

じつはしずちゃんが「あたし、客室乗務員になってみたいわ」って。

へえ。

しずちゃんなら、いい仕事をするだろうなあ。

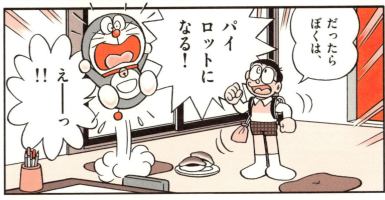

だったらぼくは、パイロットになる！

えーっ！！

ぼくが飛ばす飛行機に、しずちゃんと2人きりでさ。

東京を出て、日本中を回るんだ。

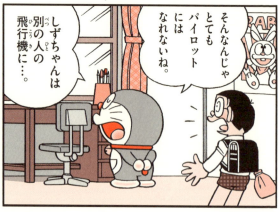

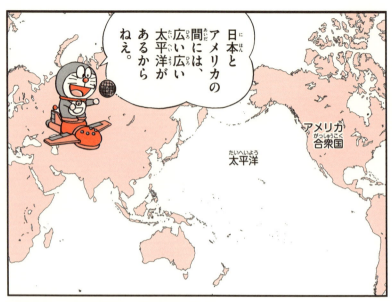

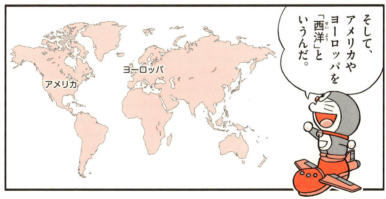

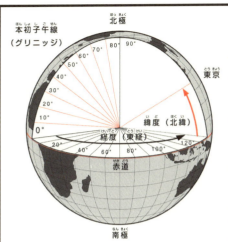

## 緯度と経度

地球上の位置は、緯度と経度で指し示すことができる。

緯度は、北極と南極のちょうど中間である赤道を0度として、そこから南北にどれくらい離れているかを角度で表し、北半球を北緯、南半球を南緯という。緯度は南北それぞれ90度あり、北緯90度は北極、南緯90度は南極になる。

一方の経度は、イギリスのロンドンを通る経線(本初子午線)を0度として、東西にどれくらい離れているかを角度で表し、東側を東経、西側を西経という。経度は東西それぞれ180度あり、東経180度と西経180度は同じところになる。東京は北緯35.4度、東経139.5度となる。

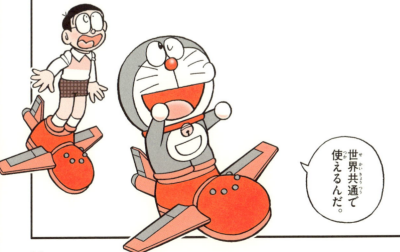

世界共通で使えるんだ。

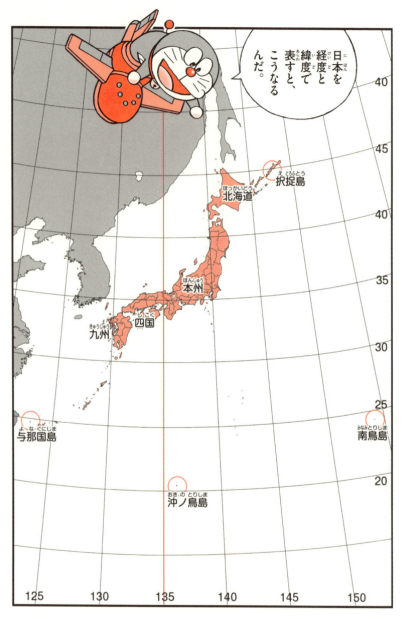

*2023年、国土地理院発表。

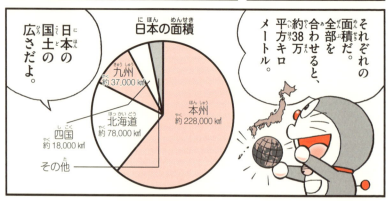

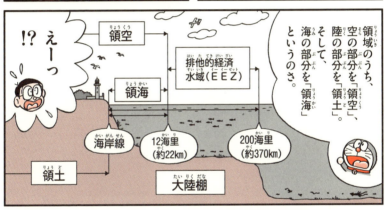

*領海と排他的経済水域をあわせた面積。

## 排他的経済水域

領海の基線から200海里（約370km）までの範囲のうち、領海をはずした海域を排他的経済水域という。この海域では、魚介類などの水産資源や石油などの海底資源を沿岸国だけが利用できる権利を持っている。一方で、ほかの国の船が通ったり、上空を飛行機が飛んだりすることは禁止できない。

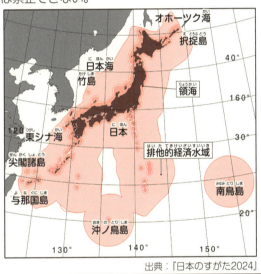

出典：『日本のすがた2024』

でもね、それが問題を起こす元にもなる。

じゃあ、日本は魚がいっぱいとれるんだ。

うん。

# 日本がかかえる領土問題

## 北方領土

択捉島、国後島、色丹島、歯舞群島をまとめて北方領土という。北方領土は日本固有の領土だが、第二次世界大戦後に当時のソ連(ソビエト社会主義共和国連邦)に占領され、今なおロシア連邦に不法に占拠されている。

## 竹島

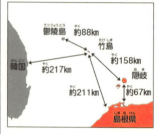

竹島(韓国名は独島)は島根県に属する日本固有の領土。しかし韓国が領有権(土地などを自分のものだとする権利)を主張し、現在では警備隊を置いて不法占拠している。周辺水域は鉱物資源が豊富だ。

## 尖閣諸島

尖閣諸島は沖縄県に属する日本固有の領土で、有効に支配している。しかし1960年代に周辺の海域での石油埋蔵などの可能性が指摘されて以降、中国が領有権を主張するようになり、たびたび領海侵入をくり返している。

28

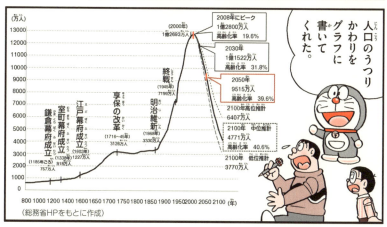

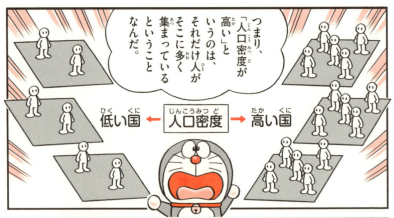

### 世界の人口密度ランキング
(2022年)

| | 国名 | 人口密度 |
|---|---|---|
| 1位 | モナコ | 24,266 |
| 2位 | シンガポール | 8,862 |
| 3位 | バーレーン | 1,914 |
| 4位 | モルディブ | 1,726 |
| 5位 | マルタ | 1,704 |
| … | | |
| 32位 | 日本 | 325 |
| | | 単位 人/km² |

(国際連合「Population Division」より)

34

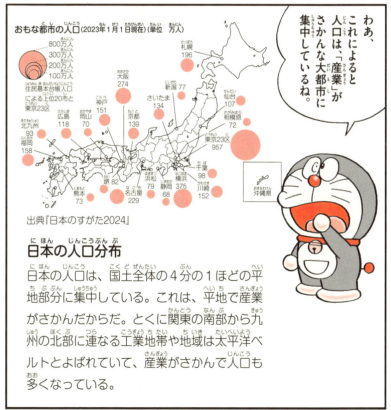

## 日本の人口分布

日本の人口は、国土全体の4分の1ほどの平地部分に集中している。これは、平地で産業がさかんだからだ。とくに関東の南部から九州の北部に連なる工業地帯や地域は太平洋ベルトとよばれていて、産業がさかんで人口も多くなっている。

どんな都市がそれに選ばれるんだい？

政令指定都市一覧

今の日本には20あるよ。

大阪市　名古屋市
京都市　横浜市
神戸市　北九州市
札幌市　川崎市
福岡市　広島市
仙台市　千葉市
さいたま市　静岡市
堺市　新潟市
浜松市　岡山市
相模原市　熊本市
(2024年現在)

内閣が定めた「政令」によって指定された都市を、「政令指定都市」という。

人口が多くなるほど、市がやらなきゃいけないサービスの種類も量も多くなる。

人口が50万人以上いることが、その基準になるのさ。

それでも、すみずみまでサービスを行きわたらせる。それをできるのが、「政令指定都市」なんだよ。

## 政令指定都市とは

人口が50万人以上で、政府から特別に指定された都市のことをいう。ふつうの市町村とちがい、福祉や都市計画など本来では都道府県が行う役割の一部を、市が行うことができる。また、市をいくつかの区に分けて、区役所を設置することができる。

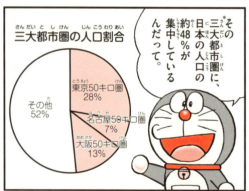

三大都市圏の人口割合
- 東京50キロ圏 28%
- 名古屋50キロ圏 7%
- 大阪50キロ圏 13%
- その他 52%

＊旧都庁、大阪市役所、名古屋市役所を中心とした半径50kmのはんいにある地域。

**ドーナツ化現象**
人口が集中して都市が大きくなるにつれて、都心地域は商業やビジネスの中心地となり、住宅価格が上がること、生活環境が悪化することなどから都心から郊外へと移り住む人が増えること。近年では都心にもどってくる都心回帰現象が見られる。

## 過疎の問題点

農村や山間部などから若者が都市へと移ることによって、人口減少と高齢化が進んでしまう。その結果、電車やバスなどの公共交通機関の廃止や廃校、医療などのサービスに問題が起き、社会生活が難しくなる。

### 限界集落
65歳以上の高齢者が人口の50%を超え、社会生活の維持が難しくなった状態にある集落のこと。

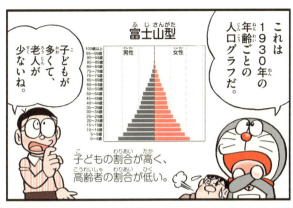

これは1930年の年齢ごとの人口グラフだ。

富士山型

子どもが多くて、老人が少ないね。

子どもの割合が高く、高齢者の割合が低い。

これは、「開発途上国」によく見られる形だそうだよ。

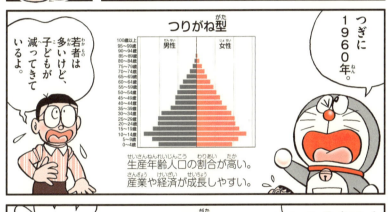

つぎに1960年。

つりがね型

若者は多いけど、子どもが減ってきているよ。

生産年齢人口の割合が高い。
産業や経済が成長しやすい。

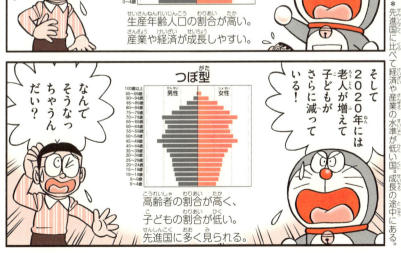

そして2020年には老人が増えて子どもがさらに減っている！

つぼ型

なんでそうなっちゃうんだい？

高齢者の割合が高く、子どもの割合が低い。
先進国に多く見られる。

＊先進国に比べて経済や産業の水準が低い国。成長の途中にある。

## 少子化の原因
・経済が低迷してしまうこと。
・結婚しない人が増えること。
・結婚する年齢が高くなること。
　　　　　　　　　　　など。

**合計特殊出生率**
1人の女性が一生の間に生む子どもの平均人数のこと。
その数字が低いと少子化状態にあることがわかる。

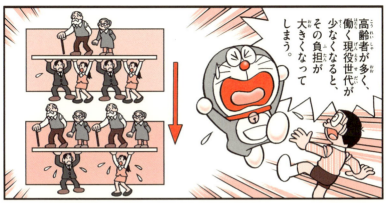

# 練習しよう 〈答えは48ページにあります〉

## 日本の国土について

日本の国土について説明した次の文章について、(1)～(5)に入ることばや数字を、下のア～コより選んで記号で答えなさい。

( 1 )大陸の東のはじに位置している日本は、大小さまざまな島で形成されていて、南北に( 2 )kmにもわたって細長くのびています。もっとも大きな島は本州で約228,000km²あり、北海道、九州、四国などとつづいて、それらすべての島の面積を合計すると、日本の国土は約( 3 )万km²になります。

また、日本が島でできているために海岸線が非常に長く、それにともなって領海と、領海の基線から( 4 )海里に定められている( 5 )も広くなっています。

| ア 北アメリカ | イ 南アメリカ | ウ ユーラシア |
| --- | --- | --- |
| エ 領域 | オ 排他的経済水域 | カ 200 |
| キ 400 | ク 14000 | ケ 3000　コ 38 |

## 地球上の位置の表し方

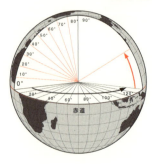

地球上の位置は左の図のように角度で表します。①北極と南極の中間である赤道を0度として、そこから南北にどれくらいはなれているかを表す角度を、②イギリスのロンドンを通る線を0度とし、東西にどれくらいはなれているかを表した角度を、それぞれなんといいますか。

46

# 日本の領土問題

① 択捉島、国後島、色丹島、歯舞群島からなる、北海道にある日本固有の領土ですが、第二次大戦後にソ連(当時)に占拠され、今なおロシア連邦が不法に占拠している地域をなんといいますか。

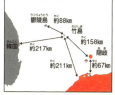

② 韓国が領有権を主張し、現在では警備隊を置いて不法占拠している日本固有の領土である竹島は、どこの県に属していますか。

③ 沖縄県に属している、近年になって中国が領有権を主張し、領海侵入をくり返している日本固有の領土をなんといいますか。

# 日本の人口について

日本の人口分布について、次の文章の( 1 )~( 5 )に入ることばを答えなさい。

日本の人口は、産業がさかんな平地部分に集中しています。その中でも関東の南部から九州北部に連なる地域は( 1 )とよばれ、特に人口も多くなっています。その中でも、三大都市圏とよばれる( 2 )都、( 3 )市、( 4 )市を中心とした地域は、日本における全人口の48%をしめています。

また、これらの大きな市の中には、政府によって定められ、本来であれば都道府県が行う行政の役割の一部を任せられている( 5 )とよばれる市があり、2024年現在では20都市が選ばれています。

# 日本の人口について

日本の人口分布に関する問題点について、次の問いに答えなさい。

① 限られた地域に人口や産業が集中しすぎることで発生する過密による問題点を３つ上げなさい。

② 産業がさかんな都市部に若者が移ることなどによって、農村や山間部は人口が減り、高齢化が進んでしまいます。この現象のことを、なんとよびますか。

③ 都市に人々が移ることによって人口が集中した結果、土地の値段が上がり、生活環境も悪化するので、都心から郊外へと移り住む人が増えます。その現象をなんとよびますか。

下の年齢別の人口グラフは、日本の人口の推移を表しています。それぞれ何年のものか、線で結びなさい。

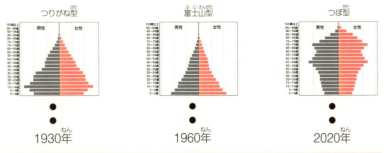

---

### P46〜48の答え

[P46] (1)ウ (2)ケ (3)コ (4)カ (5)オ ①緯度 ②経度

[P47] ①北方領土 ②島根県 ③尖閣諸島
(1)太平洋ベルト (2)東京 (3)名古屋 (4)大阪
(5)政令指定都市 ＊(3)(4)は順不同

[P48] ①ゴミ問題・大気汚染・交通渋滞・水質汚染・住宅価格が
上がることなど ②過疎 ③ドーナツ化現象
1930年＝富士山型 1960年＝つりがね型 2020年＝つぼ型

48

# 日本の地形を知ろう

*丘陵地をふくむ。

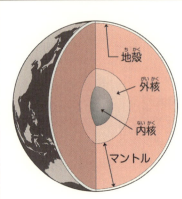

## 地球のしくみ

地球の内部で核と地殻の間にあるマントルのもっとも外側がプレートだ。このマントルは地球内部の熱で対流しており、それにあわせてプレートも動いている。海洋プレートと大陸プレートがぶつかりあうと、海洋プレートはしずみこみ、その境界では、海底が急に深くなる海溝が生まれる。そしてそこでは大きな地震が起きたり、火山の列ができたりする。

まずは地球の仕組みから知ろう。

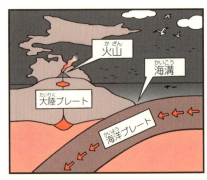

ほら、こうしてもちあがるだろ？

一方、大陸プレートと大陸プレートがぶつかりあうと…。

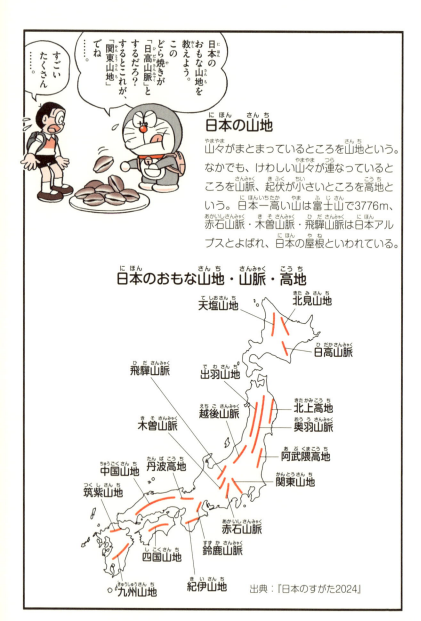

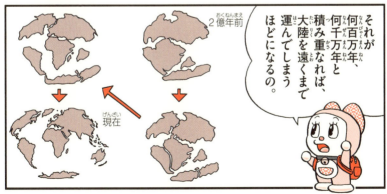

約2500万年前の日本

## フォッサマグナ

本州の中央部分を南北に走る大きな溝状の地形がある。この地帯は、2つのプレートの境界だと考えられていて、ラテン語で「大きな溝」という意味のフォッサマグナという。フォッサマグナを境として日本は東北日本と西南日本に分けられ、山地や山脈は東北日本は南北に、西南日本は東西に連なる形をしている。フォッサマグナの西側のはじには大きな断層があり、新潟県糸魚川市と静岡県静岡市を結ぶことから、糸魚川－静岡構造線とよばれている。この構造線の西側に連なるのが日本アルプスだ。

## 中央構造線

長野県の諏訪湖付近から九州中心部を走る構造線を中央構造線という。この中央構造線の北側はなだらかな山地が多く、一方の南側にはけわしい山地が続いている。

### 環太平洋造山帯

この世界地図のように、太平洋をぐるっと取りかこむ地帯には、高い山々が連なっている。この地帯は環太平洋造山帯とよばれ、火山活動が活発で、地震も多く起きている。地球上にはほかに、アルプス・ヒマラヤ造山帯がある。

世界にもあるわよ。
太平洋をぐるっとかこんでる！

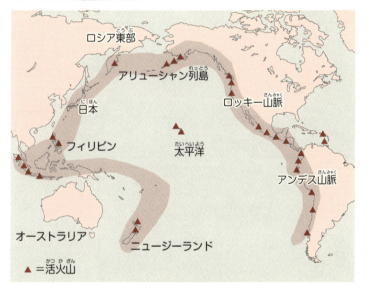

火山のそばでは、その地熱を使って、発電ができるの。

桜島

桜島大根

降り積もった火山灰がいい土となって、農作物を育てるのにもいいのよね。

それに温泉もわくわく!

そうか、火山にはいいこともあるんだ!

多くの人が集まるから、観光業もさかんになるのよ。

うう…、うぐう〜!

食べすぎたかも〜!!

わぁーっ!!

デーン

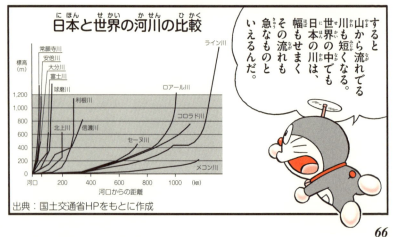

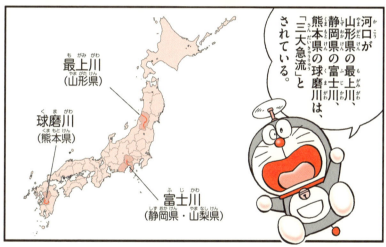

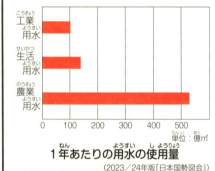

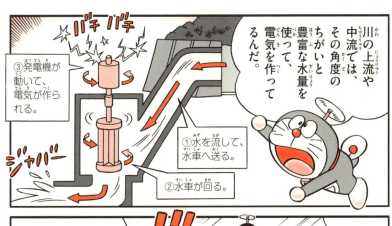

湖にも、いろいろと種類があるんだ。

## 日本の湖のおもな種類

### 三日月湖

曲がりくねって流れる川の一部が取り残された湖。石狩川流域に多い。

### 断層湖

断層のくぼ地に水がたまった湖。琵琶湖・諏訪湖など。

### せき止め湖

火山の噴出物が川をせき止めてできた湖。富士五湖や中禅寺湖など。
*富士山麓に位置する５つの湖。山中湖・河口湖・精進湖・西湖・本栖湖。

### カルデラ湖

火山のばく発などでできたくぼ地（カルデラ）に水がたまった湖。十和田湖・摩周湖・洞爺湖など。

### 潟湖
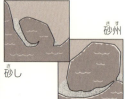
砂州で海からへだてられた湖。淡水と海水が混じる汽水湖が多い。浜名湖、サロマ湖など。
*海岸から細く突き出た砂の帯を砂し、砂しが発達したものを砂州という。

70

豊富な水を利用して、養殖業がさかんな湖もある。浜名湖のうなぎや、サロマ湖のホタテ貝が有名だねえ。

生活に役立ち、電気を作り、そのうえうまいもんまで作れるなんて、サイコーかよ!!

ほかにも川には大きなはたらきがある。

人々の住める土地を作るということさ。

土地を作るー!?

コンピューターによるシミュレーションホログラムで見せよう。

川は上流の土地で、土をけずって下流へと運ぶ。

川の流れ

けずられた土

それは川の水が川底の土を けずって、深く掘り下げるから、できるものなんだ。

谷間の平地の少ない土地では、段丘の上を集落や耕地などにして利用してるよ。

土や砂が積もってできた、おうぎ形の土地を「扇状地」。海に流れだす河口近くの、粒の細かい土砂が積もった三角形の土地を「三角州」というんだ。

扇状地
三角州

ぼくらがくらせる土地ができたのは、川のおかげだったんだ。

もちろん、川のおかげだけではないけどね。

あれ？たしか山地が日本の4分の3だといったけど、そのほかは？

のこりの4分の1は平地だよ。

平地は、産業、交通、文化の中心となって、都市が発達。人口もそこに集中しているんだ。

平地は大きく分けて、3種類ある。

## 日本の平地の種類

### 平野
海に向かってできている開けた土地。川が運んできた土砂が積もってできた沖積平野と、浅い海底がもり上がったり、海水面の低下によって陸に現れた海岸平野がある。日本でもっとも広いのは関東平野。

### 台地
平野よりも一段高い場所にできた平地。扇状地や三角州がもり上がってできたものや、火山灰が積もってできたシラス台地などがある。

### 盆地
まわりを山々にかこまれた平地。盆地では扇状地が多く見られ、果樹栽培として利用されているところが多い。

74

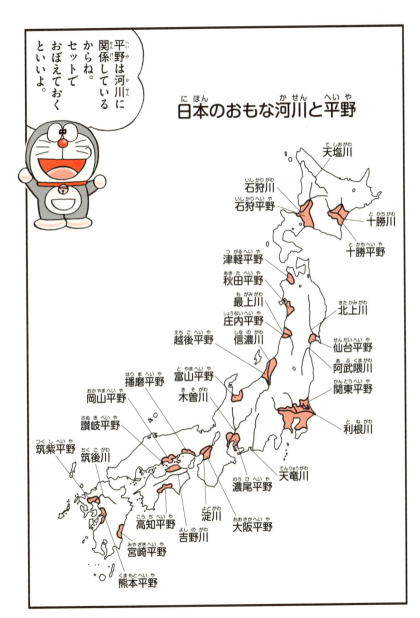

# 日本の海と海岸の地形

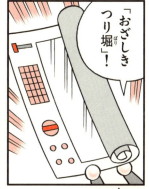

この場所を地図で確認しておこう。

それがここかい？

なんだか、地形がデコボコしてるね。

日本の海岸線は、複雑で長いんだ。

そのすべてを一周すると、約3万5000km。アメリカ合衆国や中国のものより長いんだって。

うひゃー。

おもな海岸線の種類を見てみよう。

### 砂浜海岸
砂や小石が積もってできた遠浅の海岸。砂丘（鳥取県ほか）や、砂州（天橋立ほか）などの地形が見られる。九十九里浜など。

### リアス海岸
山地が海に沈んでできたもので、複雑な海岸地形になっている。波がおだやかな天然の良港である一方、津波の影響を受けやすい。三陸海岸、若狭湾、英虞湾など。

81

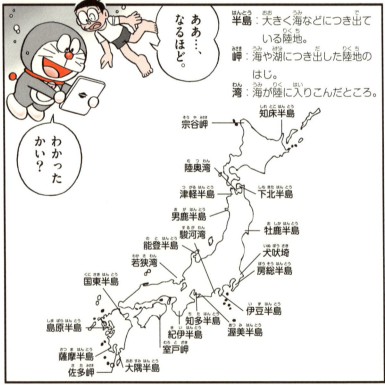

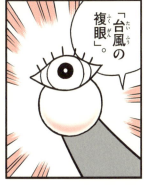

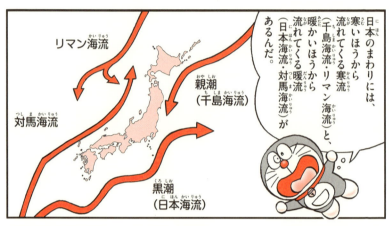

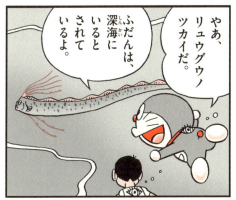

# 練習しよう 〈答えは90ページにあります〉

## 日本の山地

日本の国土について説明した次の文章について、（1）～（4）に入ることばを答えなさい。

丘陵地をふくめると山地が国土の約（　1　）の割合をしめている日本は、環太平洋造山帯に位置していて、4つの（　2　）の境界にあります。その境界を示しているものの1つが（　3　）という大きな溝で、新潟県から静岡県まで続いています。

（　3　）の西には、日本の屋根ともよばれる（　4　）が連なっています。

## 日本の山脈

天塩山地

（ア）

日高山脈

（ウ）

出羽山地

木曽山脈
越後山脈
北上高地

（イ）

阿武隈高地

（エ）
丹波高地

筑紫山地
関東山地

赤石山脈

鈴鹿山脈

四国山地

（オ）
紀伊山地

左の日本地図は国内に連なる山地を表しています。（ア）～（オ）の山地の名前と、その山地が属している火山帯の名前を答えなさい。

**88**

# 日本の河川・湖・平地

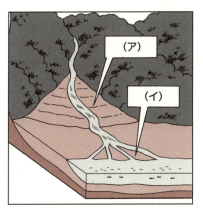

左のイラストは、河川が運んできた土砂が、流れがゆるやかになったことで堆積し、できた土地を表しています。

絵を見て、(ア)と(イ)、それぞれがなんとよばれているか答えなさい。

次の河川や湖などについての問いに答えなさい。

① 日本でもっとも長い河川はなんですか。また、その河川の河口に広がる平野はなんですか。
② 日本三大暴れ川のひとつ、「坂東太郎」の正式な川の名前はなんですか。
③ 日本三大急流とは、富士川、球磨川と、あとひとつはなんですか。
④ まわりを山に囲まれた平地のことをなんといいますか。
⑤ 日本でもっとも大きな湖はなんですか。
⑥ 火山灰が降り積もった台地のことをなんといいますか。
⑦ 日本でもっとも広い平野はなんですか。
⑧ 北海道の石狩川などで見られる、曲がりくねった川の一部が切りはなされてできた湖のことをなんといいますか。

# 日本の海岸と周辺の海

日本の海岸と、その周辺にある海について、次の問いに答えなさい。

① 左の図のように日本周辺の海には、2つの寒流と2つの暖流が流れています。それぞれ名前を答えなさい。

② 日本の周辺の海底には、深さ200mまでのなだらかな海底地形が広がっています。この海底地形をなんといいますか。

③ 右の地図(うすい赤色の部分が陸地)は、佐賀県・長崎県の海岸線を表しています。このように複雑に入りくんだ海岸線のことをなに海岸といいますか。また、そのような海岸の例を1つ上げなさい。

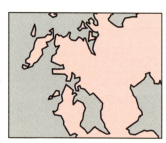

④ 大きく海につき出た陸地のことをなんといいますか。また、その先端のことをなんといいますか。

---

### P88〜90の答え

[P88] (1) 4分の3　(2) プレート　(3) フォッサマグナ　(4) 日本アルプス
(ア) 北見山地・千島火山帯　(イ) 奥羽山脈・那須火山帯　(ウ) 飛騨山脈・乗鞍火山帯　(エ) 中国山地・白山火山帯　(オ) 九州山地・霧島火山帯

[P89] (ア) 扇状地　(イ) 三角州　①信濃川・越後平野　②利根川　③最上川　④盆地　⑤琵琶湖　⑥シラス台地　⑦関東平野　⑧三日月湖

[P90] ①寒流：リマン海流・親潮(千島海流)　暖流：対馬海流・黒潮(日本海流)
②大陸棚　③リアス海岸　三陸海岸・英虞湾・若狭湾など　④半島、岬

90

# 第3章

# 日本の気候とくらし

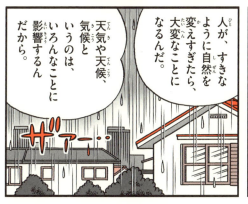

### 天気・天候・気候

天気とは、ある時刻や2〜3日程度の期間、天候とは、数日から3か月程度の期間の気温や降水量の変化をいう。これに対して気候とは、1年を1つの期間としてくり返す、気温や降水量などの変化の特色をいう。

天気と天候って、ちがうものかい？

1つずつ話そう。

日本に「四季」があるのは、知ってるよね？

春・夏・秋・冬だろ？

それがあるのは、日本列島のほとんどが「温帯」にあるためなんだ。

「気候帯」といって、世界各地の気候を大まかに分けているんだ。

オンタイ？

ネクタイもほうたいも関係ありません。

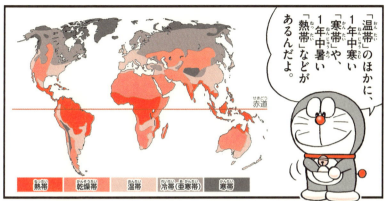

「温帯」のほかに、1年中寒い「寒帯」や、1年中暑い「熱帯」などがあるんだよ。

「実物ミニチュア大百科」

太陽と地球のミニチュアだ。

!!わあ

それっぽく再現されてるけど、大きさや距離の比率など、細かいところは忘れてくれ。

太陽でかーい。

地球ちっちゃーい。

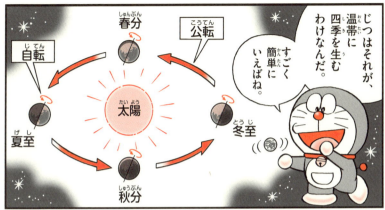

### 日本の夏が暑くて冬が寒い理由

上の図のとおり、地球は少しかたむいている。かたむきがあることで太陽の光をよく受ける時期(夏)とあまり受けない時期(冬)が発生する。そのほかにも、日本は季節風や海流の影響を受ける。

**季節風** 季節によって風向きを変える風。モンスーンともいう。夏は太平洋から南東の温かい季節風がふき、逆に冬は大陸から北西の冷たい季節風がふく。

**海流** 近くを暖流が流れていて暖かいところや、寒流が流れていて気温が上がりにくいところがある。

＊地球上において、赤道は太陽に近い。赤道付近の熱帯は1年中暖かい。

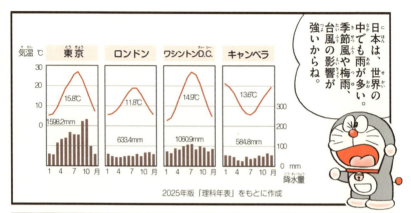

日本は、世界の中でも雨が多い。季節風や梅雨、台風の影響が強いからね。

2025年版「理科年表」をもとに作成

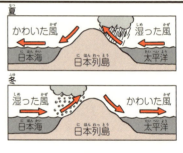

季節風は、夏と冬とで風向きが変わるんだ。

夏の季節風によって太平洋側は雨が多く蒸し暑くなる。冬の季節風は日本海で水蒸気をふくんで日本海側に雪や雨を降らせる。

この季節風は、海流の影響を受けていてね。

季節風は海流の影響を受けている。夏の季節風は日本海流(黒潮)の影響を受けて湿り気を帯び、太平洋側は蒸し暑くなる。
一方で、冬の季節風は対馬海流の影響を受けて湿り気を帯びるようになり、日本海側に雪や雨を降らせる。

## 偏西風

偏西風とは、1年を通じて西からふいてくる風のこと。この偏西風は西ヨーロッパの気候に影響をあたえている。また、日本で春ごろ中国から黄砂が運ばれてくるのは、この偏西風の影響によるもの。

気候に関する風といえば、「偏西風」というのもある。

きみにその風を味わわせてあげよう。

「バショー扇」があれば、どんな風でもふかせられるんだけど…。

あれ？どこへしまったかな？

まあ、それはあとでいいよ。

そうかい？

ええと。なんの話をしてたっけ？

たしか、「気団」とやらの。

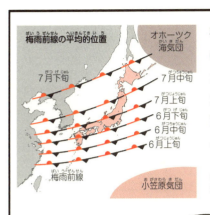

## 梅雨

6月中ごろ〜7月中ごろ、オホーツク海気団と小笠原気団がぶつかるところにできた梅雨前線が日本の上に停滞し、この前線に沿って大陸で発生した低気圧が次々に東に進み、長い間雨を降らせる。

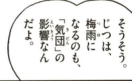

そうそう。じつは、梅雨になるのも、「気団」の影響なんだよ。

## 台風

赤道に近いあたたかい海で発生した熱帯低気圧が大きく発達したものを台風という。フィリピン諸島や中国、朝鮮半島、日本列島などを通過し、大きな被害をもたらす。

そして、台風はこうして生まれる。

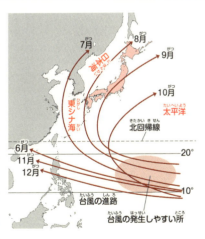

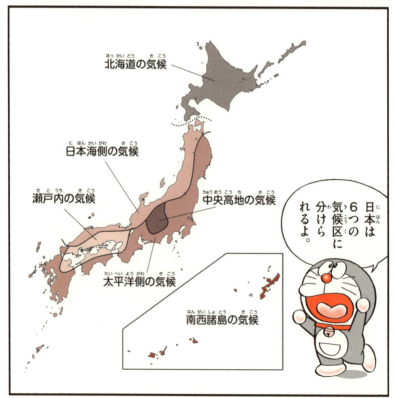

# 日本の気候区分

**北海道の気候** 夏は短く、冬は長く寒さがきびしい。梅雨はなく、台風の影響を受けにくいので、降水量が少ない。

**日本海側の気候** 冬は季節風の影響で、雪や雨が多い。東北地方の日本海側や北陸地方は世界でも有数の豪雪地帯となっている。

**太平洋側の気候** 夏は季節風の影響で、雨が多くて蒸し暑い。逆に冬は晴天が続き、乾燥している。

**中央高地の気候** 内陸にあるため、夏と冬、昼と夜で気温差が大きい。1年を通じて降水量は少ない。

**瀬戸内の気候** 南北の山地に夏の季節風も冬の季節風もさえぎられるため、1年を通じて晴天が多く、降水量が少ない。冬は温暖な気候になる。

**南西諸島の気候** 1年中暖かく、冬でも気温が高い。年間を通じて降水量が多く、台風の被害を受けやすい。

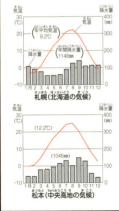

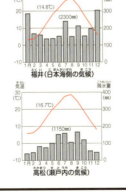

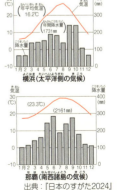

出典:『日本のすがた2024』

そのほかにこんな気候もある。

### フェーン現象
湿った風が山を越えてふき降りるとき、高温乾燥の風となって、付近の気温が高くなる現象。

### ヒートアイランド現象
都市の中心部ではエアコンや自動車などの排熱、アスファルトなどによるほ装、緑地の減少などによって、周辺地域よりも気温が高くなる。

いやあ、気候っていろいろあるんだねえ。

うん。

だから、地域によって人の生活や文化も変わったりするのさ。

また雨が強まってきた。今日もあそびに行けないや。

雨の日は、本でも読んだらどうだい？「晴耕雨読」というじゃないか。

# 日本の自然災害

## コマ1（ドラえもん）
とにかく日本は自然災害が多いんだ!!

## コマ2
「おまかせモード」にしてみたぞ。
いつ、何が起こるかわからない。気をつけろ！
ひぃ～!!

大きく分けるとこの3つだよ。

気象災害　地震　火山の噴火

## コマ4（のび太）
で、でもそれによってどんな被害があるんだろう？

## コマ5
地震と火山の噴火が、なぜ日本に多いのか。それはこないだ話したね。
うん。

108

## 地震のおもな被害だ。

**建物崩壊**
揺れなどの影響で、建物が上階から押しつぶされるようにこわれていく。

**液状化現象**
地震の揺れによって地盤が一時的に液体のようになり、地中の砂や水がふき出す現象。

**火災**
地震が発生したことにより、ガスもれが起きたり、火が燃えうつったりする。

**津波**
海底で地震が起きたときに海面が大きくもり上がり、大きな波が沿岸に押しよせる現象。

約100年の間に起きたおもな地震はこんなにも!!

| 年.月 | 地震の名前（地震の大きさ）Mは地震の大きさを表すマグニチュード。 | 死者・行方不明者数 |
|---|---|---|
| 1923.9 | 関東大震災（M7.9） | 約105,000 |
| 1948.6 | 福井地震（M7.1） | *1 3,769 |
| 1995.1 | 阪神・淡路大震災（M7.3） | 6,437 |
| 2004.10 | 新潟県中越地震（M6.8） | *1 68 |
| 2011.3 | 東日本大震災（M9.0） | 22,318 |
| 2016.4 | 熊本地震（M7.3） | *1 273 |
| 2024.1 | 能登半島地震（M7.6） | *2 … |

＊1：死者数のみ　＊2：2024年1月24日時点で死者233人（消防庁発表）
出典：『日本のすがた2024』

まだ…、なんにも起きないね。油断するな！

これが見せかけの災害を起こすのが、1分後か1年後かはわからないから。

えーっ、そんなに!?

火山はこんな被害をもたらすよ。

火山はときに大きな災害を引き起こす。被害のおもな原因として、噴石や火山灰、火砕流、火山ガス、溶岩流などがあげられる。

**火山灰**
降り積もり、農作物や交通機関に影響が出る。

**火砕流**
火山ガスと火山灰などが、高速で流れ出す。

**溶岩流**
マグマが火口から流れる現象。火災などを起こす。

**噴石** 火口から飛ばされてくる石。

ほかにも、「気象災害」というのがある。大雨や竜巻など気象現象によって起こるものだ。

たとえば、「風や水」によって起こるものがある。

110

# 日本のおもな風水害

## 台風
　台風は強い風とはげしい雨をもたらす。強い風の影響で建物がこわれたり、農作物が傷ついたりする。また、はげしい雨が降り続くと、河川が氾らんしたり、土砂くずれや地すべりなどが起きたりもする。台風は大雨や高潮の原因にもなる。

## 竜巻
　積乱雲によって生まれた、強い上昇気流によるはげしい空気の渦のことを竜巻という。竜巻は進路上の地上のものをまき上げて破壊するなどの被害をもたらす。

## 大雨
　大量の雨が降ると、洪水や土砂くずれ、地すべりなどの災害を引き起こす。また、河川が氾らんして土石流を引き起こし、堤防や橋が破壊されることもある。さらに近年では、限られた地域で短時間に雨が大量に降るゲリラ豪雨による洪水や、家屋や車の浸水などの災害も増えている。

## 高潮
　台風や発達した低気圧が近づいたときに海沿いの地域をおそう高い波のこと。

**高潮** 波の長さが短い。海面が高くなる。
**津波** 波の長さが長い。海全体が高くなる。

## 冷害（れいがい）

夏になっても日本の北の海上にオホーツク海高気圧が居すわると冷害が起きる。日射量が少なくなったり、気温が低い状態が続いたりすることにより、農作物が育つのに影響をあたえる。

いいや！作物にとっては大問題だよ。

## やませ

北海道・東北地方の太平洋側や関東地方で、初夏から夏にかけてふく北東の風のことをやませという。親潮（千島海流）の影響を受けて、冷たく湿った風となり、長く続くと冷害の原因になる。

「冷害」の原因の1つが「やませ」だ！

だから、瀬戸内にはため池が多く作られたのか。

雨が降らないと農作物が育ちにくい。生活だってつらくなるさ。

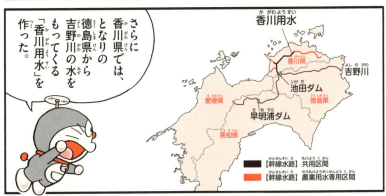

さらに香川県では、となりの徳島県から吉野川の水をもってくる「香川用水」を作った。

そうか、日ごろから災害について考えることが備えにつながるんだ。

そうして「干害」に備えたんだね。

# 特ちょう的な日本のくらし

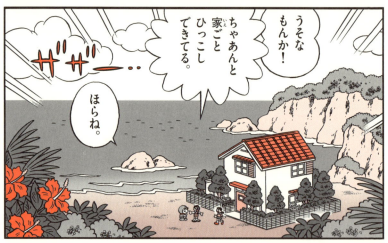

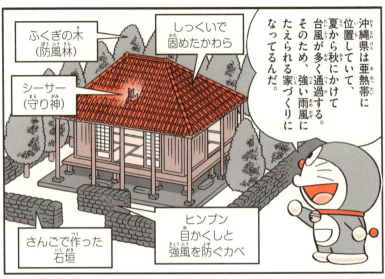

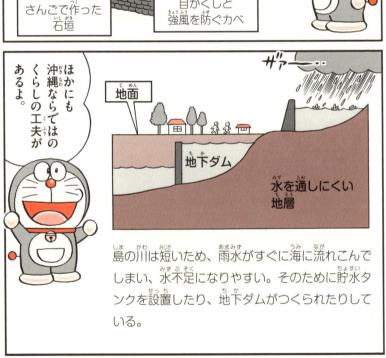

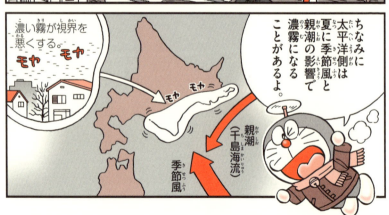

そこに雪の多い豪雪地帯がある。

前に聞いた「雪害」から守る工夫があるのかな？

そうだよ。

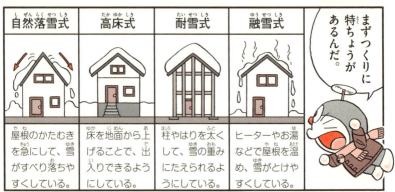

まずつくりに特ちょうがあるんだ。

| 自然落雪式 | 高床式 | 耐雪式 | 融雪式 |
|---|---|---|---|
| 屋根のかたむきを急にして、雪がすべり落ちやすくしている。 | 床を地面から上げることで、出入りできるようにしている。 | 柱やはりを太くして、雪の重みにたえられるようにしている。 | ヒーターやお湯などで屋根を温め、雪がとけやすくしている。 |

でもね、雪は家にだけ降るというわけじゃない。

もちろん道路にだって降るわ。

132

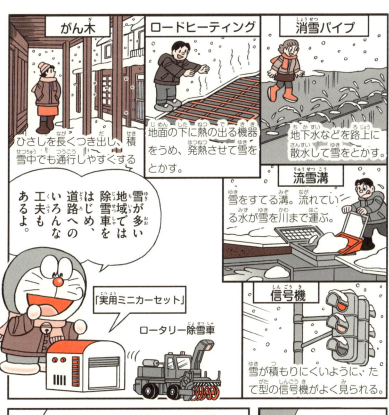

ここに住んできた人々の工夫でね。少しでも高いところに家を建てようとしたんだ。

というのもじつはここ、土地が海面より低いんだよね。

えっ?

じゃあ。もしも川があふれたらその水が土地に流れこんで…。

洪水になるってこと!?

そのとおり。この辺りは洪水の被害になやまされてきた歴史がある!!

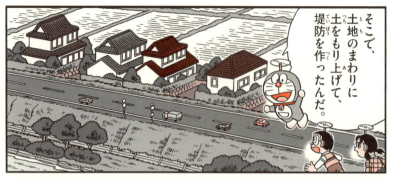

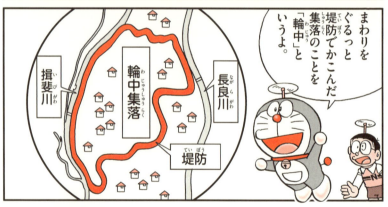

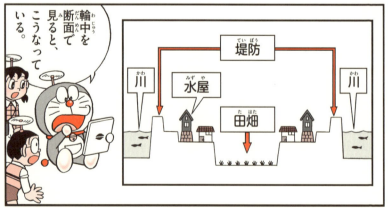

この図にある「水屋」ってなんだい？

高くもり土したところに建てられた建物さ。洪水のときの避難場所や倉庫として使われた。

さらに、低い土地でも農業がしやすいように土地の改良や排水の工夫がされているんだ。

**ほ場整備**
農地の区画を整理することで用水路や排水路、農道なども整備される。また、大型の機械も使えるようになり、農作物の生産性も高まる。

**暗きょ排水**
地下に通したパイプを使って排水することで水はけをよくし、土地を水田にも畑にも利用できるようになった。

ほかに越後平野、筑紫平野などが低地として有名だよ。

へえ。

低地にきたら……。

高地にも行きたくなるわね。

137

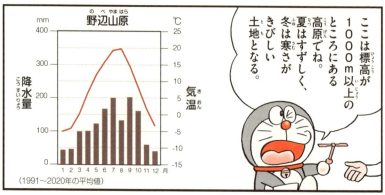

## 抑制栽培
気候や人の技術を使って農作物の成長をおくらせ、収穫・出荷を通常よりもおくらせる栽培方法。

## 促成栽培
温室やビニールハウスなどで農作物を栽培することで、通常よりも早めに収穫・出荷する栽培方法。

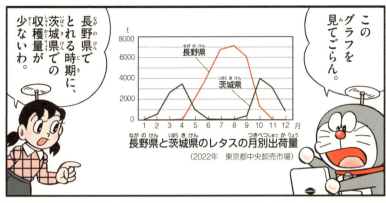

このグラフを見てごらん。

長野県でとれる時期に、茨城県での収穫量が少ないわ。

**長野県と茨城県のレタスの月別出荷量**
（2022年 東京都中央卸売市場）

出荷時期をずらすことで、野菜をより高い値段で売ることができるんだ。

かしこーい。

それに、あたしたちの生活も、野菜不足になりにくいわね。

ほかにも野辺山原では、高原野菜を作るのに、「輪作」という工夫もしているんだ。

**輪作**
同じ農地に別の性質のいくつかの種類の農作物を何年かに1度のサイクルで作る方法。同じ農地に同じ作物を作り続けると、特定の栄養素が失われたり、病害虫の発生率が高まる。

さらに！

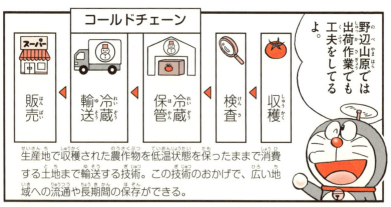

# 練習しよう 〈答えは146ページにあります〉

## 日本の気候の特ちょう

日本の気候の特ちょうについて記した次の文章の(1)～(5)に入ることばを、下の記号の中から選びなさい。

日本の大部分は( 1 )の気候に属していて、四季が見られるのが特ちょうです。また、日本の気候は季節風や海流の影響を受けます。夏には( 2 )から季節風が黒潮の湿気を運んできて、( 3 )側は雨が多く蒸し暑くなります。その一方、冬には( 4 )から冷たい季節風がふき、( 5 )側に多くの雪や雨を降らせます。

| ア 日本海 | イ 太平洋 | ウ 冷帯 |
| --- | --- | --- |
| エ 温帯 | オ 南東 | カ 北西 |
| キ 南西 | | |

下の3つのグラフは、それぞれ日本のある都市の1年間の気温と降水量を表している。それぞれどの都市のグラフか、記号で答えなさい。

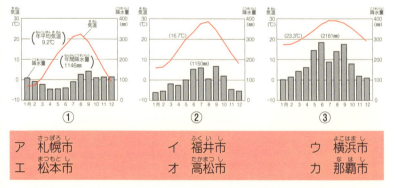

| ア 札幌市 | イ 福井市 | ウ 横浜市 |
| --- | --- | --- |
| エ 松本市 | オ 高松市 | カ 那覇市 |

# 日本の自然災害

問い1：台風の被害を説明した文章のうち、正しいものをあげなさい。

① 大量の雨が降ることにより、河川が氾らんしたり、洪水を引き起こすことがあります。

② 海沿いの地域では高潮が発生し、堤防を越え高い波がおそいます。

③ 進路にあたる地上のものをまき上げて破壊します。

問い2：自然災害を説明した文章で、まちがっているものをあげなさい。

① 気温が低い状態が長く続くと、農作物の実りが悪くなります。これを冷害といいます。やませなどがその原因です。

② 干害とは雨が少ないせいで水不足が起こり、農作物などに被害が出ることで、東北地方によく見られます。

③ 雪が大量に降ることで起きる災害を雪害といいます。建物が崩れたり、交通機関がまひするなどの被害が出ます。

問い3：私たちが取り組むべき防災について、次の文章の（ア）～（イ）に入ることばを答えなさい。

　　自然災害は、いつ起きるかわかりません。だからこそ私たちは日常生活においても災害に備えておくことが大切です。（　ア　）を見て、避難経路や避難場所を確認したり、ラジオや常備薬、タオルなどを入れた（　イ　）を用意しておくことが大切です。また、地域や学校などで行われる防災くんれんに参加することで、日ごろから防災意識を高めておくことも大切な取り組みです。

**145**

# 特ちょう的な日本のくらし

日本は南北に長いこと、高低差があることなどに由来して、それぞれの地域で生活するためにいろいろな工夫がされています。その工夫についての次の問いに答えなさい。

①　北海道や東北の日本海側など、雪の多い地域では道路に降る雪を除雪するためのさまざまな工夫がされています。その工夫を2つあげなさい。

②　亜熱帯に位置する沖縄県では、夏に台風の影響を受けやすいため、家の屋根にはどんな工夫がされていますか。

③　低地である岐阜県の海津市は、大雨などのときの洪水の被害になやまされていました。今では集落を堤防でかこみ、洪水の被害から守る工夫がされています。このような集落をなんといいますか。

④　野辺山原は八ヶ岳のふもとで高原にあり、夏はすずしく冬は寒さがきびしい環境にあります。この野辺山原などの高地では、ほかの地域よりも時期をおくらせて野菜を出荷したりします。この栽培方法をなんといいますか。

---

## P144〜146の答え

[P88]（1）エ　（2）オ　（3）イ　（4）カ　（5）ア
　　　①　ア　②　オ　③　カ
[P89]問い1：①、②　問い2：②
　　　問い3：（ア）　ハザードマップ（防災マップ）　（イ）　防災バッグ
[P90]①　ロードヒーティング　消雪パイプ　流雪溝　など
　　　②　しっくいで固める　③　輪中　④　抑制栽培

146

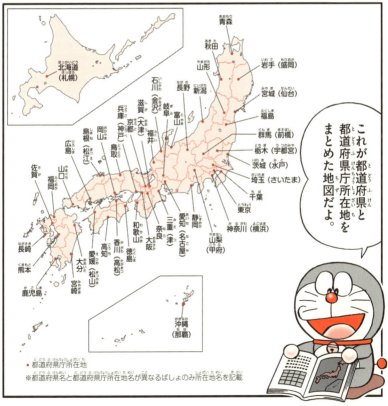

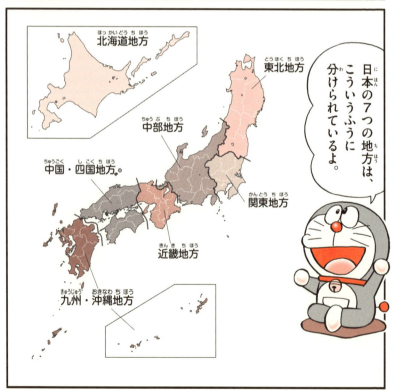

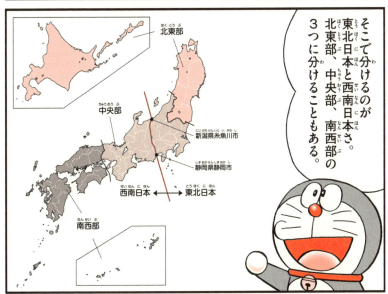

## 中部地方の分け方

中部地方は太平洋側の東海地方、日本海側の北陸地方、その２つにはさまれた中央高地の３つに分けられることがある。

## 中国・四国地方の分け方

中国・四国地方は太平洋側の南四国地方、日本海側の山陰地方、瀬戸内海沿岸の瀬戸内地方に分けられることがある。

＊本州の瀬戸内海側を山陽という。

152

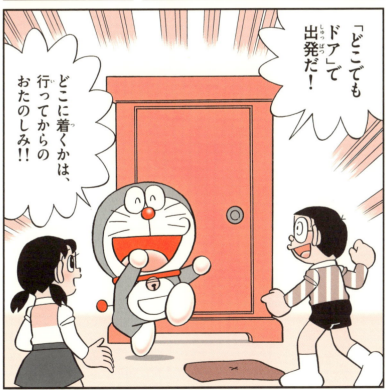

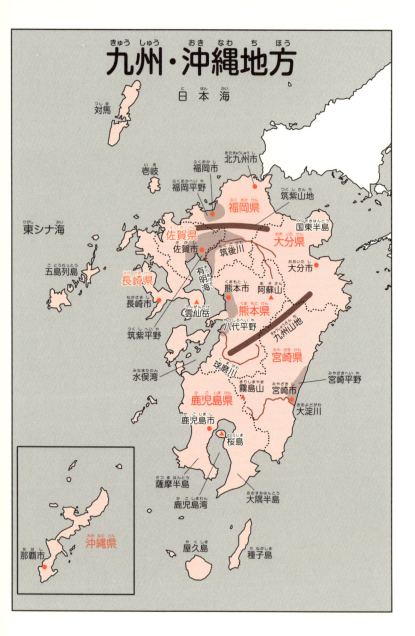

# 九州・沖縄地方の自然

## 位置と構成

日本列島の南西に位置し、中国や朝鮮半島に近い。内陸が山地で沿岸域に平野が広がる九州本島と、その周囲にある壱岐、対馬、五島列島、さらに沖縄県をふくむ南西諸島など、約4600の島で構成されている。

## 山地・山

北部に低くてなだらかな筑紫山地、中央部に高くてけわしい九州山地が連なっている。世界最大級のカルデラ（火山活動で生じた大きなくぼ地）をもつ阿蘇山をはじめ、雲仙岳、霧島山、桜島など今も活動している火山が多い。

## 平地・河川

北部には九州最大の河川である筑後川が流れ、筑紫平野から有明海に注ぐ。南部には球磨川が八代平野から八代海に注ぎ、また大淀川の下流には宮崎平野が広がる。また、火山の噴出物におおわれたシラス台地が、鹿児島県と宮崎県にわたって広く分布している。

## 海岸

海面の上昇や地盤の下降によって山地が海にしずんで生まれたリアス海岸が、長崎県などに発達。南西諸島にはさんご礁が豊富に生息している。

## 気候

九州は近海を暖流（黒潮と対馬海流）が流れているため温暖多雨。九州南方から台湾北東まで連なる南西諸島は南西諸島の気候に属し、夏は気温が高く冬も温暖である。

# 九州・沖縄地方の産業

## 農業

温暖な気候や日照時間の長さをいかした農業がさかんで、筑紫平野で米と麦の二毛作、宮崎平野で野菜の促成栽培などが行われている。シラス台地の畑作と畜産、八代平野のい草栽培、沖縄県のさとうきび栽培もさかん。

## 水産業

南から北上してくる暖流のめぐみを受け、東シナ海の大陸棚に広がる西海漁場など遠洋・近海漁業の豊かな漁場が多い。さまざまな沿岸漁業や養殖も行われていて、有明海ではのり、大村湾では真珠の養殖がさかん。

## 北九州工業地域（地帯）

1901年に操業を開始した八幡製鉄所を中心に鉄鋼業が発展し、かつては日本の*四大工業地帯の1つに数えられた。

*出荷額ののびなやみなどから、北九州工業地域（地帯）は四大工業地帯から外された。現在は京浜工業地帯・中京工業地帯・阪神工業地帯が三大工業地帯とよばれている。

## その他の工業

1970年代以降、IC（集積回路）などを生産する電子工業の工場が、輸送に便利な高速道路沿いや空港周辺に多数進出。ICにシリコンを使用することにちなんで、九州は「シリコンアイランド」ともよばれている。

## 伝統工業

古くから貿易の玄関口として栄えた九州は異国文化の影響を受け、福岡県の博多織、佐賀県の有田焼、沖縄独自の染色技法で作る染織物の琉球びんがたなどの伝統的工芸品が生み出された。福岡県の博多人形も全国的に有名。

# 九州・沖縄地方の生活・文化

## 人口

九州・沖縄地方の人口は2000年をピークに減少していて、2024年時点で約1414万人(全国の人口の約11%)。福岡県が約509万人と最も多く、それ以外の県が100万人前後と適度な規模で人口が分散している。

## 政令指定都市・地方中枢都市

北九州市、福岡市、熊本市の3つが政令指定都市(政令で指定する人口50万以上の市)となっている。そのうち福岡市は九州地方の地方中枢都市にも指定され、政府の出先機関や大企業の支社が集まっている。

## 交通

2011年に九州新幹線が博多駅〜鹿児島中央駅間で全線開業し、山陽新幹線との直通運転も行われるようになった。また、高速道路の九州自動車道が北九州市と鹿児島市を結ぶ。さらに空港が九州地方の各県にある。

## 世界遺産

「神宿る島」宗像・沖ノ島と関連遺産群/長崎と天草地方の潜伏キリシタン関連遺産/明治日本の産業革命遺産(九州を中心に8県11市に点在)/奄美大島/徳之島/沖縄島北部及び西表島/琉球王国のグスク及び関連遺産群/屋久島がそれぞれ世界遺産に登録されている。 (2024年時点)

## 社会問題

1950年代に熊本県水俣市で、工場廃水にふくまれたメチル水銀が原因である神経疾患を発症した人々が続出し、水俣病として公害病に認定された。2000人以上が被害者として認定され、今も多くの人が苦しんでいる。

157

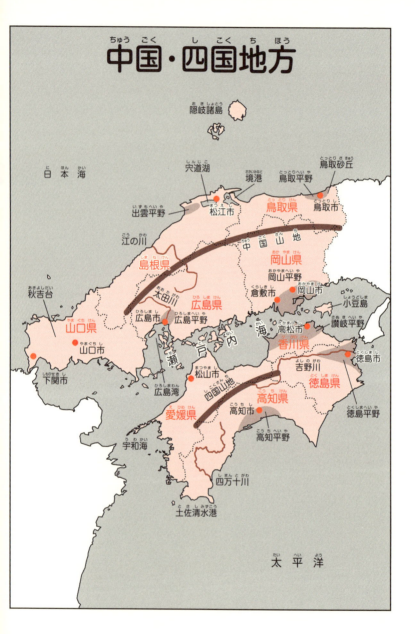

# 中国・四国地方の自然

## 位置と構成

中国地方は本州西端の全域にあたり、その南に位置する四国地方は瀬戸内海に浮かぶ大小の島で形成。中国地方は中国山地を境に山陰と山陽に区分される。また、中国山地と四国地方にはさまれた部分を瀬戸内、四国山地より南側を南四国に区分することもある。

## 山地・海岸

中国地方の中央部に低くてなだらかな中国山地、四国地方の中央部に高くけわしい四国山地がそれぞれ東西に連なる。山陰地方の鳥取市沿岸には鳥取砂丘が広がり、四国地方西部の宇和海沿岸にはリアス海岸が発達している。

## 平野・台地

中国地方に広島平野、四国地方に讃岐平野や高知平野がある。山口県にはカルスト地形（石灰岩が雨水などの侵食を受けて形成される特殊な地形）の秋吉台が広がる。

## 河川と湖

広島県を源流に島根県から日本海へと流れる江の川は、長さも流域も中国地方最大の河川。太田川の河口には三角州が発達している。四国地方の河川で最も長いのは四万十川、最も流域が広いのは吉野川。

## 気候

山陰地方は北西からの季節風の影響で冬に雪や雨が多く、南四国は南東の季節風や台風の影響で夏に雨が多い。中国山地と四国山地にはさまれている瀬戸内地方は季節風の影響を受けにくく、1年を通して降水量が少なく晴れの日が多い。

159

# 中国・四国地方の産業

## 農業

岡山平野南部の干拓地と鳥取平野は水田が多く稲作がさかん。岡山県ではぶどう・もも、鳥取県では日本なしなど果物も栽培。瀬戸内海の温暖な気候をいかし、愛媛県では段々畑でのみかん栽培がさかん。高知平野では野菜の促成栽培が行われている。

## 畜産業・林業

平坦な地形と傾斜地形をもつ中国山地では牛の放牧がさかんで、高原では乳牛も飼育している。四国は森林が豊富で、和紙の原料となるこうぞの産地となっている。

## 水産業

鳥取県の境港は日本有数の漁獲量をほこり、島根県の宍道湖はしじみの日本有数の産地。瀬戸内海では広島湾のかきや宇和海の真珠など養殖がさかん。高知県の土佐清水港はかつおの一本づり漁が行われている。

## 瀬戸内工業地域

原料や製品の輸送に水運を利用でき、埋め立てで用地を確保できたことから、瀬戸内海の沿岸部に瀬戸内工業地域が成立。石油コンビナートが多く、倉敷の水島地区を中心に石油化学や鉄鋼などの重化学工業が発展した。

## 伝統工業・地場産業

山口県の萩焼、岡山県の備前焼、高知県の土佐和紙などの伝統的工芸品が多く作られている。今治のタオル、倉敷のジーンズ、丸亀のうちわなど、特定の地域に中小企業が集まり発展した地場産業もさかん。

160

# 中国・四国地方の生活・文化

## 人口

中国・四国地方の人口は1980年代から徐々に減少し、2024年時点で中国地方が約710万人、四国地方が約364万人。瀬戸内地方に人口が集中し、山間部では都市に出る人が多いため過疎化と高齢化が問題となっている。

## 政令指定都市・地方中枢都市

岡山市と広島市が政令指定都市となっている。そのうち広島市は中国・四国地方の地方中枢都市にも指定され、政府の出先機関や大企業の支社が集まっている。四国は日本の地方で唯一、政令指定都市が存在しない。

## 世界遺産

核兵器による被害状況を現代に伝える原爆ドーム、平清盛が厚く信仰した厳島神社、ほかにも石見銀山遺跡とその文化的景観、明治日本の産業革命遺産(中国地方では萩反射炉など)がそれぞれ世界遺産に登録されている。

(2024年時点)

## 交通

山陽地方の瀬戸内海沿いを山陽新幹線と山陽自動車道が通り、中国地方の中央部を中国自動車道が走る。また、本州と四国を結ぶ本州四国連絡橋が神戸—鳴門、児島—坂出、尾道—今治の3つのルートで整備されている。

## 社会問題

本州四国連絡橋が整備されて本州と四国間の移動が便利になった一方、それまで運航していた連絡船やフェリーが廃止されたり便の数が減少。また、四国の人やお金が本州の都市に吸い取られるストロー現象が生じている。

161

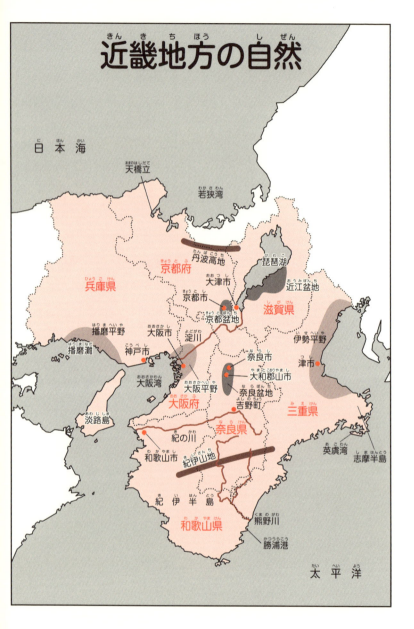

# 近畿地方の自然

## 位置と構成

本州中央部のやや西側に位置し、山地の北部、低地の中部、山地の南部に分けられる。明治時代に東京へ首都がうつされるまで、京都に都が置かれていた。近畿の「畿」は都を意味する。

## 山地・平地

北部にはなだらかな丹波高地が広がり、南部の紀伊半島にはけわしい紀伊山地がそびえる。中部には大阪平野、奈良盆地、京都盆地などの平地が広がり、近江盆地の特に深いところに水がたまってできたのが琵琶湖だ。

## 河川・湖

日本最大の湖である琵琶湖の水は、古くから生活や産業などの用水として幅広く使われ、「近畿の水がめ」とよばれている。琵琶湖から流れ出た川は淀川に集まり、近畿地方の人々の重要な水道水源となっている。

## 海岸

京都府と福井県にまたがる若狭湾と、太平洋に面する志摩半島の英虞湾ではリアス海岸が発達。京都府の宮津湾にある全長3.6kmの湾口砂州は天橋立とよばれ、日本三景の1つに数えられている。

## 気候

北部は季節風の影響で冬に雨や雪が多く降る日本海側の気候であるのに対し、暖流(黒潮)の影響を受ける南部は温暖で夏に雨が多く降る太平洋側の気候。大阪湾沿岸部は瀬戸内の気候で、中部の盆地は寒暖の差がはげしい。

163

# 近畿地方の産業

### 畜産業・林業
兵庫県北部の山間部では、神戸ビーフや松阪牛のもとになる但馬牛を飼育。温暖で降水量が多い紀伊山地は木がよく育ち、林業がさかん。人工の三大美林に数えられる吉野すぎと尾鷲ひのきが有名。

### 農業
京都・大阪・神戸などの大都市向けに作物を栽培する近郊農業がさかん。淡路島のたまねぎや京都府の京野菜が代表的。近江盆地や播磨平野では稲作が行われ、和歌山県ではみかんやうめなど果物の生産量が多い。

### 阪神工業地帯
大阪や神戸など大阪湾沿岸の埋め立て地に重化学工業が発達。堺・泉北臨海工業地域には石油化学コンビナートがあり、播磨工業地域の姫路・加古川では鉄鋼業がさかん。内陸部の東大阪などには中小工場が多く、金属製品などを生産している。

### 水産業
和歌山県の勝浦港は、太平洋でかつお・まぐろをとる遠洋漁業の基地。日本海側ではかに・いかの沖合漁業がさかん。志摩半島の英虞湾の真珠、播磨灘ののり、大和郡山の金魚、琵琶湖のあゆなど養殖業も行われている。

### 伝統工業
古くから文化の中心地だった近畿地方では、京都府の清水焼や高級絹織物である西陣織のほか、奈良県の奈良筆、滋賀県の信楽焼、兵庫県の播州そろばんなど、さまざまな伝統的工芸品が今も作られている。

164

# 近畿地方の生活・文化

## 歴史

8世紀はじめに平城京が奈良に、8世紀末に平安京が京都につくられ、日本の政治・文化の中心地として栄えた。江戸時代には水運を利用して全国の物資が大阪に集まり、「天下の台所」といわれる一大商業都市が形成された。

## 人口

大阪市・京都市・神戸市の大都市を中心に、奈良市や和歌山市など周辺の都市まで含む大阪大都市圏は、人口が集中した過密地域となっている。一方、北部や南部の山間部は人口が減少し、過疎化が進んでいる。

## 再開発

1994年に開業した関西国際空港の建設に合わせ、大阪湾一帯で大型物流施設、オフィスビル、高層マンション、テーマパークなどを建設する再開発が進められてきた。2025年には人工島の夢洲で大阪・関西万博を開催。

## 交通

東海道・山陽新幹線、名神高速道路、山陽自動車道などの交通網が整備されている。大阪港と神戸港は日本有数の貿易港で、衣類など日用品の輸入が多い。関西国際空港は旅行客の利用だけでなくIC（集積回路）の輸出入も多く、「西日本の玄関口」とよばれている。

## 世界遺産

法隆寺地域の仏教建造物／姫路城／古都京都の文化財／古都奈良の文化財／紀伊山地の霊場と参詣道／百舌鳥・古市古墳群
ほかにも国宝・重要文化財に指定された文化財建造物が多い。

（2024年時点）

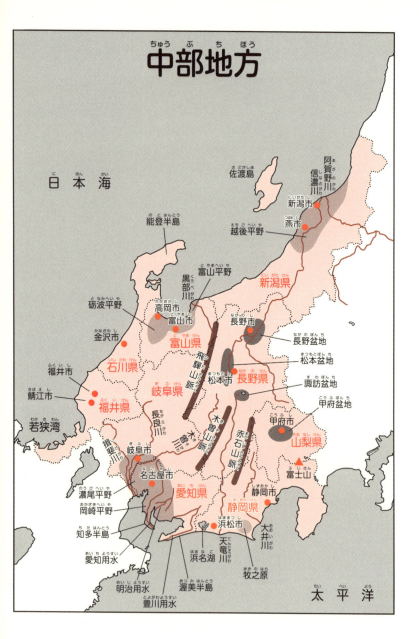

# 中部地方の自然

## 位置と構成

中部地方は本州の中央に位置し、総面積は日本の約18%をしめる。東海(愛知県・静岡県・岐阜県南部)・中央高地(長野県・山梨県・岐阜県北部)・北陸(福井県・石川県・富山県・新潟県)の各地域に分けられる。

## 山地・山

中央高地には飛驒山脈・木曽山脈・赤石山脈が南北に並ぶように分布。3000m前後の山々が連なることから「日本アルプス」「日本の屋根」とよばれている(飛驒山脈が北アルプス、木曽山脈が中央アルプス、赤石山脈が南アルプス)。また、日本一高い富士山をはじめ、浅間山や御嶽山など活火山も点在している。

## 平野・盆地・河川

日本アルプスの山々から河川が流れ出し、信濃川(日本の河川で最も長い)と阿賀野川の下流に越後平野、長良川・揖斐川・木曽川の下流に濃尾平野が広がる。長野盆地や松本盆地など山々に囲まれた盆地も見られる。

## 海岸

京都府と福井県にまたがる若狭湾岸は、日本海側を代表するリアス海岸となっている。

## 気候

日本海に面している北陸は、冬の北西の季節風の影響で雪が多く降り、年間降水量が非常に多い。中央高地は標高が高いため、昼と夜、夏と冬の気温の差が大きい。太平洋に面する東海は、南東の季節風の影響で夏に雨が多い。

# 東海地方の産業

## 愛知県の三大用水

愛知県の水不足を解消するため、知多半島で木曽川を水源とする愛知用水、岡崎平野で矢作川を水源とする明治用水、渥美半島で天竜川を水源とする豊川用水を開発。農業用水や水道水に使われている。

## 農業

渥美半島のメロン・キャベツ・トマト、駿河湾丘陵地のみかん、牧ノ原台地の茶など温暖な気候を利用した農業が特ちょう的で、濃尾平野では稲作がさかん。渥美半島では電灯の光で開花時期を調整する電照菊の栽培も有名。

## 畜産業

愛知県は古くから養鶏がさかんで、卵の産出額が多い。ブランド地鶏の名古屋コーチンも特産品として有名。

## 水産業

焼津港は遠洋漁業の基地で、まぐろ・かつおの漁獲量が全国有数。浜名湖ではうなぎの養殖がさかん。

## 林業

古くから林業がさかんで、静岡県の天竜川流域に育つ天竜すぎは人工の三大美林の1つに数えられている。

## 伝統工業

愛知県の瀬戸焼・常滑焼や名古屋友禅、岐阜県の美濃焼や美濃和紙などが古くから作られている。

## 中京工業地帯・東海工業地域

中京工業地帯は愛知県・三重県・岐阜県にまたがる日本最大の工業地帯で、自動車工業を中心に機械工業の割合が高い。東海工業地域は静岡県の太平洋沿いに発達した工業地域で、機械工業や食料品工業がさかん。

168

# 東海地方の生活・文化

## 交通

東西を結ぶ貨物・旅客輸送の大動脈として東名高速道路と新東名高速道路が整備され、東京・名古屋・大阪の三大都市圏を結ぶ東海道新幹線が走る。さらに、中部地方と世界を結ぶ国際拠点を設けるため、2005年には常滑の沖合の人工島に中部国際空港(愛称はセントレア)が開港。

## 貿易港

名古屋港は中京工業地帯の積み出し港として機能し、自動車・自動車部品などの輸出、石油やLNG(液化天然ガス)など燃料の輸入を多く行っている。

## 名古屋大都市圏

名古屋大都市圏は、政令指定都市である名古屋市を中心に、豊田市や岐阜市など地方の中核となる都市とともに形成されている。自動車、ロボット、精密機器など先進的な製造業の集積地であり、圏域全体で約900万人の人々がくらしている。東京大都市圏、大阪大都市圏とともに三大都市圏に数えられる。

## 世界遺産・史跡

標高3776mと日本で最も高い富士山が、景観の美しさだけではなく「信仰の対象」と「芸術の源泉」としても認められ、世界遺産に登録されている。また、東海地方は織田信長や徳川家康など有名な戦国武将が多く生まれた地域で、名古屋城、岐阜城、浜松城、駿府城など戦国武将にゆかりのある史跡が数多い。

(2024年時点)

# 中央高地の産業

## 養蚕・果樹栽培

かつて中央高地では盆地の扇状地で蚕のえさになる桑を栽培し、養蚕がさかんだった。現在は、扇状地の水はけや陽当たりの良さをいかし、甲府盆地のぶどう・もも、長野盆地のりんごなど果樹栽培が中心に。

## 野菜栽培

浅間山や八ヶ岳のふもとでは、夏のすずしい気候を生かしてレタスやキャベツなどの高原野菜を栽培。春に出荷する低地の産地よりも出荷時期をおくらせることができ、こうした栽培方式は抑制栽培とよばれている。

## 工業

諏訪盆地では明治・大正時代に生糸を作る製糸業がさかんだった。昭和初期に製糸業がおとろえると、製糸業の工場や働き手を利用して精密機械工業へと移行し、第二次世界大戦後は時計やカメラなどの生産中心地として発展した。1980年代以降は電子部品やプリンターなどの工場が多く集まっている。

## 水産業

長野県と山梨県では、にじますなどの養殖がさかん。特に長野県はます類の生産量が全国有数。

## 林業

長野県の木曽谷から岐阜県の木曽川上流にかけて生産される木曽ひのきは、日本三大天然美林の1つに数えられている。

## 伝統工業

長野県で信州つむぎ(絹織物)・木曽漆器、岐阜県で飛騨春慶(漆器)、山梨県で甲州水晶貴石細工が作られている。

170

# 中央高地の生活・文化

## 水力発電

中央高地は冬の積雪が多いことから水資源が豊富で、山地に標高差があるため急流の河川が多い。これらの条件を利用し、黒部川・信濃川・木曽川・大井川・天竜川・富士川に建設したダムで水力発電を行い、東京・名古屋・大阪の三大都市圏にも送電している。なかでも高さ186mという日本一の高さをほこる黒部ダムでは、年間およそ30万世帯分もの電気をつくっている。

## 交通

中央高地と関東・関西を結ぶ高速道路として中央自動車道が整備され、工業製品や農作物などの物流を支えている。1997年には長野オリンピック開催に合わせて東京駅～長野駅間に新幹線が開業(のちの北陸新幹線)。それまでの特急と比べて所要時間が約半分に短縮され、首都圏との交流がより活発になった。

## 世界遺産

岐阜県白川村には江戸中期から昭和初期にかけて建てられた合掌造り家屋が多く残り、集落では今も人々が生活を送っている。白川郷集落は富山県の相倉集落と菅沼集落とともに「白川郷・五箇山の合掌造り集落」として世界遺産に登録されている。

(2024年時点)

## 観光資源の保護

中央高地には高原・湖・国立公園など自然をいかした観光資源が豊富で、多くの観光客が訪れる。一方、上高地での自家用車乗り入れ規制など、観光客の大幅な増加による自然環境への悪影響を防ぐ取り組みが行われている。

# 北陸地方の産業

## 農業

冬は積雪のため作物の栽培が難しく、夏に稲作だけを行う水田単作地帯が越後平野を中心に広がる。もともと越後平野は低湿地だったが、湿田を乾田化する耕地改良によって稲作が可能になり、銘柄米のコシヒカリの一大産地になった。能登半島の日本海に面した斜面に小さな田んぼが階段状に並ぶ白米千枚田なども有名。また、砺波平野ではチューリップの球根の栽培がさかん。

## 水産業

北陸沖は暖流の対馬海流と寒流のリマン海流の合流地点で、かに・いかなどが多くとれる良い漁場となっている。

## 地場産業

明治時代から工芸品作りの技術をいかした工業製品が作られるようになり、各地域の地場産業として発展。福井県鯖江市ではめがねわく、新潟県燕市では金属洋食器、新潟県三条市では金物、富山県高岡市では銅製品の生産がさかん。

## 北陸工業地域

山々から流れる川で得られる工業用水や水力発電で得られる電力を利用し、新潟県・富山県・石川県・福井県に北陸工業地域が発達。

## 伝統工業

北陸は日本有数の豪雪地帯であるため、冬の間に農作業ができない農家の副業として工芸品作りが発達した。石川県の輪島塗（漆器）・九谷焼、新潟県の小千谷ちぢみ（麻織物）などが有名。

172

# 北陸地方の生活・文化

## 交通

北陸自動車道が新潟県から滋賀県までの間を走り、北陸と京阪神・東海地方を結ぶ重要な交通路として機能している。また、1997年に東京駅〜長野駅間で部分開業した北陸新幹線が、2015年に長野駅〜金沢駅間、2024年に金沢駅〜敦賀駅間も開業。首都圏と北陸が新幹線で直結した。

## 公害

神岡鉱山から排出されたカドミウムが富山県の神通川の水や流域を汚染したことが原因で、四大公害病の1つに数えられるイタイイタイ病が大正時代ごろから発生。体じゅうが激しく痛み、患者が「痛い、痛い」と泣きさけぶことが病名の由来とされている。また1965年には新潟県の阿賀野川流域で、工場排水に含まれていたメチル水銀が原因で公害病が発生。1950年代に熊本県で発生した水俣病と同じ原因であることから、新潟水俣病とよばれた。

## 原子力発電所

若狭湾沿岸には原子力発電所が集中し、おもに関西への重要な電力供給源となっている。そのため若狭湾沿岸は「原発銀座」ともよばれている。

## 世界遺産

砂金の採取が行われていた新潟県沖の佐渡島の金山などが「佐渡島の金山」として世界遺産に登録されている。

(2024年時点)

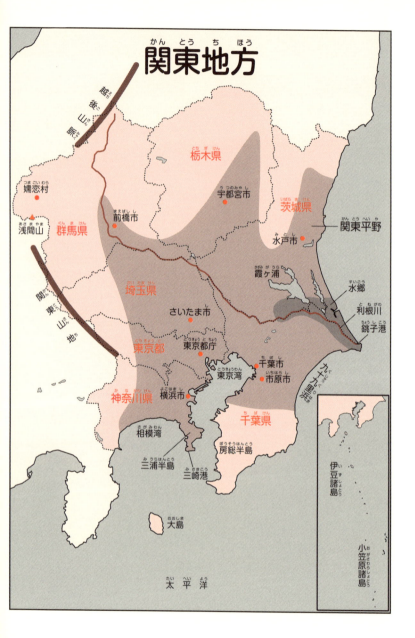

# 関東地方の自然

## 位置と構成

本州の東部に位置し、日本の首都である東京都と神奈川県・埼玉県・千葉県・茨城県・群馬県・栃木県の6県で構成される。

## 山地・山

西部に関東山地、北西部に越後山脈が、それぞれ中部地方との境として連なる。伊豆諸島の大島(伊豆大島)の三原山や三宅島の雄山など、火山も分布している。

## 半島・海岸

神奈川県の三浦半島と千葉県の房総半島が東京湾を囲み、千葉県の太平洋側には砂浜海岸の九十九里浜が広がる。

## 河川

流域面積日本一の利根川が首都圏の水がめとして水を供給。その流域には日本で2番目に広い湖である霞ヶ浦や水郷地帯が広がっている。

## 平野

関東地方の中央部から東や南にかけて、日本一広い関東平野が開けている。利根川(日本の河川では2番目の長さ)などの河川が運びこんだ土砂によって生まれた低地と、関東ロームとよばれる赤褐色の土におおわれた台地で構成されている。

## 気候

北関東の内陸部では、からっ風とよばれる冷たく乾いた北西の季節風が冬にふき、夏との気温差が大きく降水量が少ない。南関東は全体的に太平洋側気候で、沖合を流れる暖流(黒潮)の影響から冬でも温暖。都市部ではエアコンの排熱などの影響で気温が上昇するヒートアイランド現象が発生している。

175

# 関東地方の産業

## 農業・畜産業

人口が多い都市部の消費需要にこたえるため、周辺の各県では野菜・花を栽培する近郊農業や、牛乳・卵などの生産がさかん。利根川下流の水郷地帯では、夏場に収穫する早場米を栽培している。

## 促成栽培・抑制栽培

温暖な三浦半島と房総半島では、ビニールハウスを利用して野菜や花の促成栽培を行っている。一方、浅間山の山ろくに位置する群馬県の嬬恋村ではレタス・キャベツなどの高原野菜を抑制栽培、夏に出荷している。

## 水産業

千葉県の銚子港ではいわしなどの水あげがさかんで、漁獲量は全国で1・2位を争う。神奈川県の三崎港は古くから遠洋漁業の基地として栄え、まぐろの水あげが有名。

## 京浜工業地帯

東京都・神奈川県・埼玉県に広がる日本有数の工業地帯。機械工業が中心である一方、新聞社や出版社が多く集まる東京では印刷業が特に発達している。

## 京葉工業地域

千葉県の東京湾岸埋め立て地に鉄鋼や化学工業の工場が進出。市原市を中心に石油化学コンビナートが広がる。

## 北関東工業地域

かつて製糸業がさかんだった群馬県・栃木県・茨城県に形成。現在は高速道路沿いに工業団地が開発され、自動車や電子機械の製造を中心に発展。

＊埼玉県・栃木県・群馬県を関東内陸工業地域とよぶことがある。

176

# 関東地方の生活・文化

## 昼夜間人口のちがい

東京は昼と夜とで人口が大きく異なる。東京には会社や学校がたくさんあり、周辺の県に住む人が通勤・通学して夜には地元へ帰るため、夜間人口よりも昼間人口のほうが多い。

## 東京大都市圏

日本最大の都市圏で、東京を中心に人口と産業が密集。都心から半径約50kmの範囲で日本の人口の約4分の1が生活し、通勤・通学ラッシュ、交通渋滞、騒音、大気汚染など人口過密による生活環境の悪化が問題となっている。

## 交通

東京駅を起点に東北・上越・北陸・東海道新幹線などが通り、東名高速道路などの自動車道が東京を中心に各方面へ広がっている。成田国際空港はIC（集積回路）を多く輸出入し、全国有数の貿易額をほこる。東京港・横浜港も貿易額が全国有数だ。

## ドーナツ化現象と都心回帰

日本が高度経済成長を続けた1950年代から60年代にかけて郊外にニュータウンがつくられると、都心部の人口が流出するドーナツ化現象が発生。しかし近年は都市部で再開発がさかんに行われ、人口が再流入する都心回帰が進んでいる。

## 世界遺産

日光の社寺、富岡製糸場と絹産業遺産群、ル・コルビュジエの建築作品（国立西洋美術館）、小笠原諸島が世界遺産に登録されている。

(2024年時点)

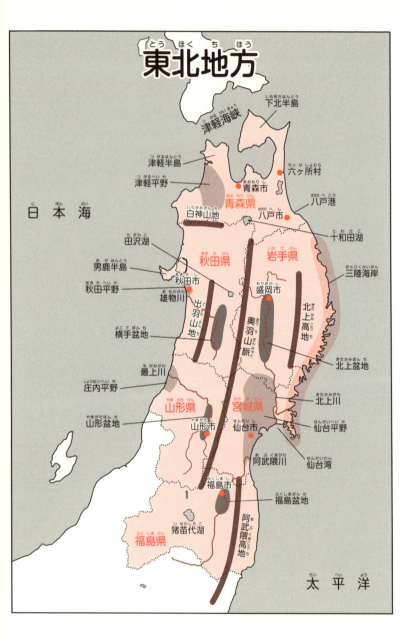

# 東北地方の自然

## 位置と構成
本州北東部に位置する東北地方。東西の幅が約170km、南北は約410kmで、面積は全国の約18%と広大だ。

## 気候
日本海側は北西の季節風の影響で冬に雪が多く降る。一方、夏には海上をわたってきた風が太平洋側から山地を越えて乾いた高温の風となってふき下ろし、その影響で気温が上昇するフェーン現象が起きやすい。太平洋側は、やませとよばれる冷たい北東風が初夏に長期間ふくと、気温が上がらず冷害が起きやすくなる。

## 山脈・山地
日本最長の奥羽山脈が中央部を南北に走り、その東に北上高地と阿武隈高地、西に出羽山地が並行して連なっている。青森県と秋田県にまたがる白神山地にはぶなの原生林が分布している。

## 湖
カルデラ（火山活動で生じた大きなくぼ地）が湖になった十和田湖、日本で最も深い湖の田沢湖、安積疏水の水源である猪苗代湖など湖が多い。

## 平地・河川
日本三大急流の1つである最上川の上流に山形盆地、下流に庄内平野が広がる。ほかにも雄物川の上流に横手盆地、下流に秋田平野が広がり、北上川の上流に北上盆地、下流に仙台平野が広がる。

## 海岸
三陸海岸の南部にリアス海岸が発達。入り江が複雑に入り組んでおり、波が高くなり津波の被害を受けやすい。

# 東北地方の産業

## 稲作
積雪で冬に農作物を栽培できないため水田単作地帯が広がり、庄内平野のはえぬき、秋田平野のあきたこまちなど銘柄米の栽培がさかん。

## 果樹栽培
津軽平野のりんご、山形盆地のおうとう(さくらんぼ)、福島盆地のももなど、すずしい気候にあう果物の栽培がさかん。

## 水産業
黒潮と親潮がぶつかる三陸海岸沖の潮目は魚が多く集まる良好な漁場で、沿岸には八戸港など良港が多い。リアス海岸の湾内ではわかめ・かきなどの養殖がさかん。

## 伝統工業
青森県の津軽塗(漆器)、岩手県の南部鉄器、宮城県のこけし、秋田県の大館曲げわっぱ、山形県の天童将棋駒、福島県の会津塗などが有名。

## 畜産
北上高地や阿武隈高地で乳牛・肉牛の飼育がさかん。北上高地の小岩井農場は日本最大の民間農場で有名。

## 林業
森林面積が広い東北地方は林業がさかん。青森ひばと秋田すぎは、木曽すぎとともに天然の三大美林に数えられている。

## 近代工業
高速道路や空港の周辺に電気機械や自動車の工場が進出。東北自動車道沿いにIC(集積回路)工場が多いことから東北地方はシリコンロードともよばれている。近年は岩手県や宮城県に自動車工場が進出。

# 東北地方の生活・文化

## 交通

山形・秋田・東北新幹線、山形・秋田・東北自動車道がそれぞれ東京と東北地方を結び、ビジネスや観光の交流を活発にしている。2016年には青函トンネルを通る北海道新幹線が新青森駅〜新函館北斗駅間に開業した。

## 発電

地熱資源にめぐまれている東北地方では、日本初の地熱発電所である松川地熱発電所をはじめ各地で地熱発電を行っている。福島県の福島第一原子力発電所は1971年から運転を行っていたが、東日本大震災で施設が破損したため廃炉が決定。青森県の六ヶ所村には核燃料サイクル施設がある。

## まつり

夏に行われる青森ねぶたまつり・仙台七夕まつり・秋田竿燈まつりは東北三大まつりとして知られる。さらに山形花笠まつりを加えて東北四大まつりともよばれる。

## 東日本大震災

2011年3月11日に三陸沖を震源とするマグニチュード9.0の巨大地震が発生。地震と大津波による空前の被害がもたらされた。

## 世界遺産

ぶなの原生林が広がる白神山地が世界自然遺産に、岩手県の中尊寺などを含む平泉と、北海道・北東北の縄文遺跡群(青森県の三内丸山遺跡など17の考古遺跡で構成)、明治日本の産業革命遺産の1つとして橋野鉄鉱山が世界文化遺産に登録されている。

(2024年時点)

181

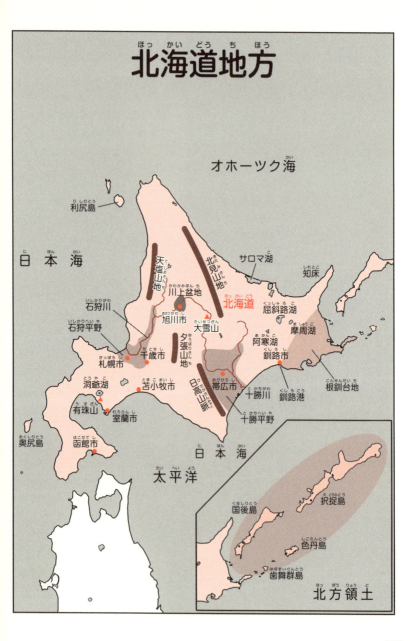

# 北海道地方の自然

## 位置と構成

日本で最も北に位置する北海道地方。面積は九州地方の約2倍にあたる。日本海、オホーツク海、太平洋の3つの海に囲まれ、全国の12.6%にあたる4440kmもの海岸線をもつ。オホーツク海沿岸には冬になると流氷が押しよせる。

## 山地

北海道の中央部に2000m級の山々が集中する大雪山があり、その北に北見山地、南に日高山脈、西に天塩山地と夕張山地が、それぞれ南北方向に走っている。有珠山、十勝岳、駒ヶ岳などの火山も点在している。

## 平野・河川

日本で3番目に長い石狩川が、上流の上川盆地と下流の石狩平野を流れて日本海に注ぐ。十勝川は下流に十勝平野が広がり、太平洋に注ぐ。東部には火山灰土の根釧台地がある。

## 湖

日本で3番目に広い湖であるサロマ湖(北海道では最大)、カルデラ湖の洞爺湖や屈斜路湖(カルデラ湖では日本最大)のほか、摩周湖、阿寒湖など大きな湖が多い。

## 気候

北海道は冷帯(亜寒帯)に属し、夏はすずしく冬の寒さがきびしい一方、梅雨や台風の影響をほとんど受けない。日本海側は北西からの季節風の影響で太平洋側よりも雪が多く降る。太平洋側は季節風が親潮によって冷やされる影響で夏に濃霧が発生し、冷害を起こすことがある。

183

# 北海道地方の産業

## 農業

北海道では広大な土地をいかして大規模な農業が行われている。石狩平野や上川盆地では稲作、十勝平野では小麦・てんさい・じゃがいもなどの畑作がさかん。石狩平野はもともと稲作に不向きな泥炭地だったが、客土(ほかの土地から良い土をもってくること)で稲作に適した土地に改良した。

## 畜産

北海道の夏のすずしい気候は酪農に適していて、乳牛の飼育頭数、生乳・バターの生産量が日本一。特に十勝平野と根釧台地は、広大な土地を牧草地や牧場に利用して酪農地帯として発展している。

## 水産業

かつて釧路港を基地に北洋漁業が栄えたが、排他的経済水域による規制で漁場がせばまって漁獲量は減少。現在はさけの栽培漁業やこんぶの養殖業にも力を入れている。

## 近代産業

かつて石炭は日本の主要エネルギーの1つで、炭田が広く分布する空知地域で明治時代から石炭を大量に採掘。炭鉱を多く有する夕張市などが石炭産業で栄えた。

## 現代工業

北海道でとれる豊富な農水産物をいかした食料品工業(札幌・帯広の乳製品や函館・釧路・根室の水産加工など)が発達し、苫小牧・釧路・旭川では森林資源をいかした製紙・パルプ工業がさかん。ほかにも室蘭で鉄鋼業、函館で造船業、苫小牧で石油精製業が発達している。

# 北海道地方の生活・文化

## アイヌ民族

北海道・東北北部・樺太・千島列島という広い範囲にかけて、アイヌとよばれる先住民族が古くから住み、日本語とは異なる言語や独特の文化を受け継いできた。現在も北海道にアイヌ民族の人々が住んでいる。

## 北方領土

北海道の北東に位置する北方四島（歯舞群島、色丹島、国後島、択捉島）は北方領土とよばれ、1855年の日露和親条約によって日本の領土であることが確認された。しかし、第二次世界大戦後にソ連が占拠し、現在もロシア連邦が不法占拠している。日本政府は固有の領土として返還を要求しているが、返還の見通しは立っていない。

## 開拓使と屯田兵

明治維新後に北海道の警備と開拓を行うために開拓使が設置され、屯田兵と移住民によって開拓が進められた。

## 観光業

北海道は雄大な自然や四季折々の農産物や水産物にめぐまれ、観光地として発展。夏には自然が生み出す美しい景色を見たり、冬にはさっぽろ雪まつりなど各地で開かれる雪まつりや氷まつりを楽しむ人々が多く訪れる。自然を体験しながら環境保全について考えるエコツーリズムもさかん。

## 世界遺産

北海道の東部に位置する知床が世界自然遺産に、北海道・北東北の縄文遺跡群（函館の垣ノ島遺跡など17の考古遺跡で構成）が世界文化遺産に登録されている。　　　　（2024年時点）

185

# 練習しよう 〈答えは190ページにあります〉

問い1：日本には47の都道府県があります。それぞれが何個あるか答えなさい。

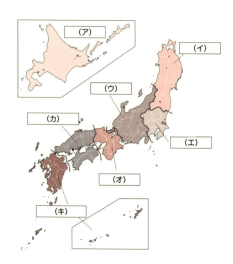

問い2：左の図は、特ちょうがにていたり、結びつきなどをもとに、日本を7つの地方に分けた地図になります。それぞれの地方名を答えなさい。

問い3：右の図は、上の7つの地方のうちの1つをさらに3つの地域に分けた地図です。それぞれの地域名を答えなさい。

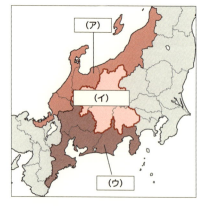

186

# 各地方の説明

問い4：各地方について説明した次の文章を読んで、それぞれがどの地方を指すか答えなさい。

① 温暖な気候を利用して、二毛作や促成栽培が行われている。また、1970年代以降は電子工業がさかんになり、シリコンアイランドとよばれるようになった。

② 今治のタオルや倉敷のジーンズ、丸亀のうちわなど、特定の地域に中小企業が集まり発展した地場産業がさかんである。

③ あきたこまちやはえぬきなどの銘柄米で有名な米づくりや、りんごなどのくだものづくりがさかん。南部鉄器などの伝統的工芸品も有名。

④ 夏でもすずしい気候は酪農に向いており、広大な土地を利用した酪農がさかんに行われている。生乳やバターなどの加工品の生産量は日本一である。

⑤ 古くから日本の政治・文化の中心地として栄え、百舌鳥・古市古墳群や法隆寺地域の仏教建築物など、世界遺産や国宝・重要文化財も多い。

⑥ 日本アルプスの山々を源流とする、日本の河川の中で最も長い信濃川があり、その下流には越後平野が広がっている。

⑦ 日本最大の都市圏があり、1950年代から郊外につくられたニュータウンのためにドーナツ化現象が発生した。近年では都心回帰の動きも進んでいる。

**187**

問い5：右の地図は日本の中央部に位置し、日本の屋根ともよばれている日本アルプスを示しています。3つあるそれぞれの山脈名を答えなさい。

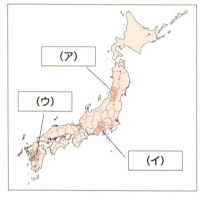

問い6：左の地図は、日本の中でも特に流れのはやい河川である日本三大急流を示しています。それぞれの河川の名前を答えなさい。

問い7：つぎの文章は、7つに分けたそれぞれの地方の特ちょうを説明しています。文章を読んで、それぞれの(1)～(3)に入ることばを下の赤い部分の中から選び、記号で答えなさい。

## 九州・沖縄地方

世界最大級の( 1 )をもつ阿蘇山がある九州には、北九州市・熊本市・( 2 )市の3つの政令指定都市がある。また、沖縄は( 3 )気候に属しており、海にはさんご礁が広がっている。

| | | |
|---|---|---|
| ア カルスト | イ シラス | ウ カルデラ |
| エ 宮崎 | オ 福岡 | カ 鹿児島 |
| キ 冷帯 | ク 亜熱帯 | ケ 温帯 |

188

# 中国・四国地方

中国山地と四国山地に囲まれた（　1　）地域は1年を通して温暖で降水量が少ない。このため、讃岐平野には（　2　）が多く作られており、（　3　）用水とよばれる人工的な用水路も作られた。

| ア 山陰 | イ 瀬戸内 | ウ ため池 |
|---|---|---|
| エ 地下ダム | オ 徳島 | カ 香川 |

# 近畿地方

日本最大の湖である（　1　）がある近畿地方は、大阪市を中心に京都市や神戸市などを加えた大阪大都市圏に人口が集中し、（　2　）地域となっている。農業はこれら大都市向けの（　3　）農業がさかんである。

| ア 琵琶湖 | イ 猪苗代湖 | ウ 過疎 |
|---|---|---|
| エ 過密 | オ 促成 | カ 近郊 |

# 中部地方

三大都市圏の1つである（　1　）大都市圏を有する中部地方にはフォッサマグナがあり、その西のはしには静岡一（　2　）構造線という大きな断層がある。また、富山県には日本一高い（　3　）ダムもある。

| ア 名古屋 | イ 愛媛 | ウ 新潟 |
|---|---|---|
| エ 糸魚川 | オ 長野 | カ 黒部 |

# 関東地方

温暖な三浦半島や房総半島ではビニールハウスを利用した（　1　）栽培が行われ、逆に群馬県の嬬恋村では高原野菜の（　2　）栽培が行われている。また（　3　）下流では夏に収穫する早場米を栽培している。

| ア 促成 | イ 抑制 | ウ 信濃川 |
|---|---|---|
| エ 利根川 | オ 石狩川 | |

**189**

## 東北地方

リアス海岸である三陸海岸沖では（　１　）と親潮がぶつかり、多くの魚が集まる良い漁場である。一方の内陸は森林面積が広く林業がさかんで、青森ひばと（　２　）は（　３　）の三大美林に数えられている。

| ア　黒潮 | イ　対馬海流 | ウ　リマン海流 |
|---|---|---|
| エ　木曽ひのき | オ　吉野すぎ | カ　秋田すぎ |
| キ　天然 | ク　人工 | |

## 北海道地方

日本で３番目に長い（　１　）川の下流にある（　１　）平野は泥炭地で農業に適さない土地だったが、（　２　）をすることで改良され、今では（　３　）がさかんになっている。

| ア　木曽 | イ　釧路 | ウ　石狩 |
|---|---|---|
| エ　客土 | オ　ほ場 | カ　稲作 |

## P186～190の答え

問い1：1都1道2府43県

問い2：（ア）北海道地方　（イ）東北地方　（ウ）中部地方　（エ）関東地方
　　　　（オ）近畿地方　（カ）中国・四国地方　（キ）九州・沖縄地方

問い3：（ア）北陸（地方）　（イ）中央高地　（ウ）東海（地方）

問い4：① 九州・沖縄地方　② 中国・四国地方　③ 東北地方
　　　　④ 北海道地方　⑤ 近畿地方　⑥ 中部地方　⑦ 関東地方

問い5：飛騨山脈　木曽山脈　赤石山脈

問い6：（ア）最上川　（イ）富士川　（ウ）球磨川

問い7：九州・沖縄地方（1）ウ（2）オ（3）ク　中国・四国地方（1）イ（2）ウ（3）カ　近畿地方（1）ア（2）エ（3）カ　中部地方（1）ア（2）エ（3）カ　関東地方（1）ア（2）イ（3）エ　東北地方（1）ア（2）カ（3）キ　北海道地方（1）ウ（2）エ（3）カ

**190**

- ■キャラクター原作／藤子・F・不二雄
- ■まんが監修／藤子プロ
- ■監修／浜学園
- ■カバーデザイン／横山和忠
- ■カバー絵・まんが／岡田康則
- ■編集協力／株式会社DAN
- ■もくじデザイン／阿部義記
- ■DTP／株式会社 昭和ブライト
- ■編集担当／廣岡伸隆（小学館）

© 藤子プロ

ドラえもんの学習シリーズ

## ドラえもんの社会科おもしろ攻略
## ［新版］日本各地の自然とくらし

2025年3月31日　初版第1刷発行

発行者　野村敦司

発行所　株式会社 小学館

東京都千代田区一ツ橋2-3-1　〒101-8001
電話・編集／東京　03(3230)5541
販売／東京　03(5281)3555

印刷所　TOPPANクロレ株式会社
製本所　株式会社若林製本工場

小学館webアンケートに
感想をお寄せください。

毎月100名様　図書カードNEXTプレゼント！

読者アンケートにお答えいただいた方の中から抽選で毎月100名様に図書カードNEXT500円分を贈呈いたします。
応募はこちらから！▶▶▶▶▶▶
http://e.sgkm.jp/253753

（［新版］日本各地の自然とくらし）

© 小学館　2025　Printed in Japan
- ■造本には十分注意しておりますが、印刷、製本など製造上の不備がございましたら「制作局コールセンター」（フリーダイヤル0120-336-340）にご連絡ください。(電話受付は、土・日・祝休日を除く9:30～17:30)
- ■本書の無断での複写（コピー）、上演、放送等の二次利用、翻案等は、著作権法上の例外を除き禁じられています。
- ■本書の電子データ化等の無断複製は著作権法上での例外を除き禁じられています。代行業者等の第三者による本書の電子的複製も認められておりません。

ISBN978-4-09-253753-8